風雨七十載

——顧鴻壽回憶錄

顧鴻壽 著

作者與哥姐合影。左為大哥鴻元，右為二哥鴻貞，後為大姐桂芳，中間為一歲時的作者。

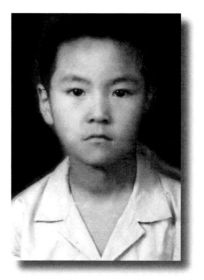

10歲時的作者。

祖父顧右人。

祖母顧何氏。

父親顧衍曾。

母親黃振權。

作者1952年小學畢業攝於鎮江。

1954年離開北京前劉西園邀請作者和蔡仲仁合影紀念。

1957年與弟鴻飛、妹萱芳合影於鎮江。

作者就讀於安徽交通學院中專部時與同學合影。

1960年作者攝於合肥。

1977年在自己設計、施工的黃滸大橋工地上留影。

1985年與同學陳洪書在南京空軍
後勤部招待所留影。

1985年與銅陵市公路管理處全體路政人員合影於銅陵市火車站。

1985年參加立新降坡工程突擊任務的全體工作人員，本文作者在
二排左4。

1985年與前來考察長江大橋投資環境的德國客人哈斯一家合影。

1985年陪同副省長龍念（左2），交通廳廳長王清華（右3揮手者）
視察長江大橋橋址。

1985年陪同交通部副部長王展意（右1）市長張潤霞（右2）視察
銅陵長江大橋橋址。

1985年與二哥顧鴻貞（右1）、
二嫂羅醒萱（右2）、夫人馮巧媛
（左2）合影於北京天安門廣場。

1986年參加安徽省交通系統獨唱
比賽獲特別獎。

1988年安徽日報記者與銅陵市交通局局長郭興華（右2）、副局
長朱德躍（右1）、副局長顧鴻燾（左1）合影於天井湖賓館。

1989年與交通部公路規劃設計院總工王建瑤（中）、銅陵長江大橋
總設計師楊高中（右3）、本文作者顧鴻燾（左3）合影於北京美術館。

1994年攝於廣東省臺山廣海港雙體客輪上。

1994年在廣東省西部沿海高速公路監理處會議室向虎門技術諮詢
監理公司領導彙報工作。右1為韓祥瑞，左2為余文嵩。

1994年與韓祥瑞夫婦合影於廣東臺山廣海港客運站。

與韓祥瑞共同主持廣東西部沿海高速公路臺山段第五合同段第一次工地會議。

1994年攝於銅陵長江大橋工地船上，背景是正在建設的大橋橋塔。

陪同交通部副部長王展意（右2），交通部公路總局局長嚴廣楨（右1），市委書記孫樹興（左1），市長張潤霞（右3）原市委書記于漢文（左2）視察長江大橋橋址。

1994年在廣東省臺山廣海港務局留影，背景是往返香港的雙體客輪，黃屋頂為候船室。

1998年在浙江省嘉興市320國道工地記錄施工情況。

1999年在京珠高速公路廣珠段通車典禮現場。

1999年在京珠高速公路廣珠段通車典禮現場。

2000年攝於福建廈門海滄大橋二期工程工地上，與同事合影。

2003年顧鴻燾、馮巧媛夫婦在福建南靖縣土樓院內留影。

2004年攝於廣東省珠海斗門金臺子寺廟。

2004年在江(門)珠(海)高速公路珠海段二標大橋工地上留影。

2005年4月30日在浙江省諸(暨)永(嘉)高速公路溫州段開工
典禮主席臺代表全體監理人員表態發言。

2005年在珠海斗門與香港著名乒乓球運動員李靜合影留念。

在江（門）—珠（海）高速公路珠海段有限公司與香港著名乒乓球
運動員李靜交流球藝。

2005年全家在深圳市明斯克航母公園留影。

2006年在溫州參加甌海大道工地平安夜晚會。

2008年與老同學陳洪書（左）、張道良（右）合影於銅陵市青銅
紀念碑前。

自序

　　在我青少年時代曾十分愛看小說，也很熱愛音樂。1959年從學校畢業工作後常常記一些日記，但主要是從技術角度積累經驗，並未想到要寫作出書。後來的文革十年浩劫，更將我的寫作念頭拋到「爪哇國」去了。直到上世紀八十年代後期，在工作閒暇之時偶然間突發奇想，想寫點東西作為個人練筆消遣、自我賞玩。同時，也想以音樂為線索寫遇到的人和事，因為音樂對我一生影響很大。但由於工作煩雜一直靜不下心來，只好寫寫停停，有的只寫了一些題綱。一直到2005年在浙江溫州永嘉縣參加諸永高速公路建設時，我才在寂寞無聊的夜晚開始寫點回憶的文章以作消遣。正好我有自帶電腦，辦公室還有印表機，十分方便。於是就開始了寫作，從青少年寫到工作後，又從十年浩劫寫到仕途十年，最後乾脆將十四年打工見聞也一併寫入。寫作的目的也從最初的消遣轉變成個人回憶錄，希望子孫後代從中吸取一些有益的經驗教訓。至於個人一生的成敗得失，已成定局不再避諱。由於本人水平所限，在文字功底上尚欠火候，幸好有從事新聞編輯的兒子給予斧正。在初稿寫成後，傾聽了家人和朋友的意見並得到他們的支持和鼓勵，我更增強了信心。同時，我通過家中收藏的個人日記以及探親時與遠在河北的大姐交談中獲得不少新內容，於是我又認真進行補充修改，經過多次反複推敲終於定稿。

回顧這七十年走過的歷程，不論何時何地使我感受最深的還是人性的善良，好人始終是多數。即使在「文革」極「左」的時期，迫於政治壓力，大多數人還是有良知、講公道的，只是為了保全自己敢怒不敢言罷了。

在〈宦海雲煙〉一節中，因有些情節涉及到某些人和事，這些都是我親歷的事實，為了避免產生新的矛盾故隱其名，只寫出事情的來龍去脈。另通過我在官場上的苦苦掙扎，也反映出本人的不適應和官場潛規則的強大。

在打工一節裏，由於本人的局限性，只能以我親身經歷，反映部分下層人（打工仔）的生活現狀和在部分工程領域存在的社會現實問題。對涉及到的單位和人，出於大家可以理解的原因，只寫出一些事和現象。時間已過去很多年，相信世界萬物都是在變的，隨著法治的健全、社會的進步，勞資關係也會不斷改善，最終達到社會和諧。

顧鴻燾

2009年4月3日於銅陵

目錄

戰亂童年

　　1939年已是日寇佔領江南古城鎮江市的第三個年頭，淪陷區的上空終日彌漫著動盪不安，我就是在這年的11月17日下午申時來到了人間。這給我的家庭稍稍帶來了一些歡樂，對祖母來說無疑是一種安慰，因為我父親是獨子，現在又添了一個孫子，人丁興旺當然求之不得，親友們來祝賀時都講我家是「獨子滿堂孫」。

　　我的家庭在當時尚屬一個書香門第的小康家庭。爺爺顧右人一生教書育人，弟子無數、滿人弟子也很多。他又樂於公益事業，在當時尚算一位有影響的人物。據鎮江地方誌記載，他生前曾幹過一件值得後人引以為豪的大事。滿清末年當北伐軍攻打鎮江城時，城內有許多滿人軍隊負隅頑抗，北伐軍久攻不下，在此為難時刻，為了避免更大傷亡，爺爺挺身而出主動與交戰雙方聯繫，勸說雙方停戰和談。經過爺爺向城內守軍中自己的滿清學生做工作，勸其投降；又勸北伐軍不要殺害投誠的俘虜，在得到雙方認可後，鎮江城便不戰而下，順利結束戰事。事後有史記載這一事件，對爺爺的功績給予很高的讚譽。後聽父親說，北伐軍進城後不久，不知因何原因又開始鎮壓旗人了，旗人嚇得四處逃散。解放後，在北京街上一次偶然的機會，父親曾與一旗人不期而遇（此人是爺爺的學生，在鎮江破城後僥倖逃出來而未遭殺害），這個旗人還念念不忘爺爺的恩德。

　　爺爺享年六十多歲，因病過早地離開了人世。唯一留給我們的是一套位於市中心的兩進兩院約200平方米的小平房，這是他一生的積蓄，也是給子孫後代留下的唯一紀念（但在解放後房產社會主義改造運動中，由於種種原因地方上有關部門未能按政策辦事，而錯誤地將房屋沒收，僅留一間30平方米的房間作為我母親與弟妹的棲身之地）。

　　我沒見過爺爺，僅從父母口中得知一些爺爺往事的片段。據說爺爺共有弟兄兩人，弟弟叫顧左人，他這一支的後人都遷到上海了，與我家往來較少。祖母有個妹妹據說很漂亮，按輩份我們要稱她姨太太（即姨祖母），在封建社會男女婚姻都是包辦的，我們的姨祖父長得很醜，相親時就請了一個替身代替姨祖父，等到入洞房時又將替身換出，待娘家人發現時，生米已成熟飯無可挽回。於是姨祖母只好嫁給他了。他們婚後生有一個男孩，算我們的姨表叔，長相不雅、小頭小腦，能力、見識都較差，為了糊口還是通過我父親的推薦才在郵政局謀了一份差事。姨表叔成婚後，生活本來還平靜，不幸地是後來嬸母被日本鬼子強暴了，身在淪陷區的人民無力反抗，只能忍氣吞聲、苟且偷安。他們後來產下一男孩，小名小八子，比我小一歲，小八子與我是孩提時代的玩伴，彼此相處不錯，可惜在十八歲那年得急病不治身亡。他家從此也沒了後代。據大人私下議論，懷疑小八子是混血兒，但也無確鑿的證據，此事也就不了了之。

　　我出生時，家中有祖母、父母、兩個哥哥、兩個姐姐、還有一個寄養在我家的舅表姐。二姐小菊後來因病早逝。

父親顧衍曾，字詠沂。早年畢業於郵政學校，因成績優秀、精明能幹，初到徐州郵政局就被局長王良駿看中並加以培養（王與解放後曾擔任過紡織工業部部長、教育部部長的馬敘倫是兒女親家）。父親從基層慢慢升至江蘇省郵政管理局郵務視察，監管地方郵局工作。

聽父親曾談過一段往事，有一次去蘇北檢查工作，某縣郵局局長因私人恩怨被人舉報有貪污問題，但證據不足，不予處理又難以平息怨憤，於是將其帶回南京處理。父親知其有冤情，且家庭十分困難，上有老母下有子女，一旦冤枉，勢必給一家帶來災難。於是父親動了惻隱之心，便想放他一馬。在當時政局動盪，朝不保夕的情況下，其實常有大事小事一跑就無事的情況。於是在開往南京的火車上父親假裝睡熟，故意任其逃跑。回局交差時自己擔待了責任，由於平時表現好，上司也未再深究。

隨著戰爭的需要，許多地方郵政抽調精兵強將去敵後開闢新郵路。父親這次被抽中了。父親也知道這很危險，但退縮是不可能的。為了生存也只有豁出去了。有一天，父親帶了一個隨員去蘇北開闢一條日占區的新郵路，途中遭遇日軍盤問。隨員是個胖子，姓崔，膽量特小。他見到日軍就嚇得直抖，並跪在地上磕頭求饒。日軍看出他膽小，就拿他開心，立即抽出指揮刀用刀背在他頸部來回拉動，口中喊到：「八格牙魯，什麼的幹活！」崔胖子忙說：「郵便局的幹活。」（日本將郵政局稱為郵便局）父親在一旁站著還算沉著，後來日寇又問父親什麼的幹活，父親拿出三角形的郵局證章證明自己是郵局的，才未被繼續責難。因當時日寇也有家信需通過

郵局傳遞，因此，一般情況下，不傷害郵局人員。回去後，崔胖子嚇破了膽，在家生病整整睡了半個多月。

　　沒多久，父親又遇上一件危險的事，在蘇北建立了郵件祕密轉運站，一天父親正和郵差將郵件用板車運出，父親一人先走在前面探看情況。剛出巷口就發現遠處有人盤查，隨即掉轉頭通知郵差將郵件速運回百姓家中，等待機會再運出。誰知等到天快黑了也無法運出，於是只好按規定就地處理——借用農家大灶將郵件整整燒了一晚上，這才脫離危險。

　　我的母親黃振權，出生在蘇北，四歲失去母親、七歲失去父親，留下姐弟倆投靠到蘇北臨澤的遠房親戚李姓人家寄養，李家有幾畝田產，為人也善良，對待姐弟這一對孤兒十分同情，與自家孩子同等看待，一起讀書、一起玩耍。母親童年雖遭不幸，但還算幸運的是未受太多的罪。我的舅舅黃振中，人很聰明，從做學徒開始到自己獨立做生意，在上海也闖出一塊天地，並且成了家，生有一男一女。但他後來染上吸毒的惡習，無法自拔，舅媽又先他而去，他已自顧不暇，只好將一雙兒女分別寄養在親友家。表姐小韋寄養在我家，表哥金海通過熟人介紹，給了一個素不相識的胡姓人家寄養。胡家對表哥黃金海很好，視同己出。長大後表哥在上海混得不錯（文革期間最紅時曾在王洪文手下掌管上海財貿系統大權。直至四人幫倒臺他被抓入獄。我與這表兄從無往來，他的興衰與我毫無關連），這是後話不再贅述。

　　父母婚後一直很恩愛，從未見過他們吵架。直到父親去世二十多年後，母親一提起他仍然淚眼朦朧。母親在同時代人裏算是個有

文化的人，她愛看言情章回小說，喜歡大團圓的結局。母親隨父親幾十年，飽嚐顛沛流離的生活，擔驚受怕、酸甜苦辣樣樣嘗過，真可謂歷盡坎坷、歷盡磨難。但她已習以為常，心如止水，處變不驚。母親晚年過得不算幸福，跟隨寵兒、寵女一起生活，吃了不少苦頭，她也心安理得，從無怨言。母親享年九十高壽，雖有很多遺憾，但也無法挽回。這是後話。

我的祖母顧何氏，生於清末、裹著小腳，清瘦修長身材，高顴骨，凹眼睛，目光炯炯有神，在家中是處於最高地位的長者，父親特別孝順祖母，凡事都要徵求她意見。祖母對第三代孫子特別重視，大哥小時候倍受寵愛，一不舒服馬上叫人去抓藥，藥吃多了反而把身體弄壞了。因此，大哥常常生病。曾聽母親說過：有次大哥半夜裏醒來哭著要麻雀，祖母於是把大家喊起來幫他找麻雀。母親為此曾與祖母產生一些齟齬。我出生時正逢祖母在外打牌，她得知又添了一個孫子更是喜歡萬分，在我上面已有兩男兩女，我在弟兄之間排行老三。在其後第二年我又有了一個非常乖巧的小弟弟，取名鴻書。他的故事暫且不提，因為他在我家只過了三、四個年頭就夭折了，這是我們全家的一個永遠的心痛。

大哥鴻元，由於從小嬌生慣養，生性懦弱，就此養成依賴習慣。在個人問題上因受家庭的舊思想干擾，曾找過幾次對象都未成功。記得有一次大哥談了一個開豆腐店的姑娘，大哥本人還較滿意。有一天請到我家吃飯，大哥頻頻挾菜給她，口中還不停地說：「這是你歡喜吃的，你吃沙！」弟弟妹妹聽到後就把這話當成笑話。後來家中人說她是鬥雞眼不好看，又嫌她是開豆腐店的，如此

一來，大哥婚事始終難成。經過多次失敗的情感經歷後，大哥一直過著單身生活，直到他晚年貧病交加、重病在床，終於1989年4月孤獨地離開人世。為了處理他的後事，我們帶著小兒子顧策到鎮江，並與妹夫小宋（弟弟鴻飛已先我們去農場）一起去農場。當時天下著雨，農場道路泥濘，人人都穿著黑色的膠靴。我們坐車到達時，大哥遺體已被場方送去火化，僅留下一個舊皮箱。農場裏一個擺鹵菜攤的男人，專門找到我們所住的旅社，稱大哥去世前曾從他那裏賒過一斤豬頭肉，我們隨後把錢付給他。在遺囑憮恤費上，我們與場方還發生了短暫的爭執，後經我們力爭終於圓滿解決。

大哥一生機遇不少，剛解放時，他考上設在蘇州的華東革命軍政大學，畢業後分在湯山炮校，但由於體弱、吃不了苦，中途就回家了，連行李都沒要。此後隨父親到北京考入北京人民銀行，一年後又調動到歸綏銀行，在東北也工作多年。1962年生活困難時期，他戀家心切，主動放棄了東北工作，要求回鎮江下放到新民洲共青團農場務農，直到病故。

二哥鴻貞從小讀書就十分用功，性格內向，沉默寡言，喜歡一個人獨自思考。他氣性很大，誰要惹了他，他會記你很長時間。有一次大哥不知因何事惹惱了他，他連續一、兩個月不理他，直至父母做工作才緩解。解放初期，二哥初中畢業，家裏看他已被棲霞山師範學校錄取，勸他去讀，但他另有主見主動放棄，最終還是隨父母去北京考上二十八中。1954年，當父親工作變動調到安徽後，他又堅持不隨家庭南遷而留在北京繼續讀書，1955年順利考入北京清

華大學電子電腦系（當時在全國尚屬第一屆電子電腦系）。1959年畢業後，分在高能物理研究所工作。如今他已是國內知名的電腦專家。

大姐桂芳是姊妹中最大的，從小讀書刻苦，關心弟妹，是父母的掌上明珠，也是父母的好幫手。家中大小事情她都能管到，弟妹們也都尊重她。1950年，她畢業於南京金陵大學經濟系，分在北京一機部技術情報研究所工作。

表姐黃淑慧，小名小韋，在我家生活到十八歲後嫁人去上海，因我當時還小，印象不太深，沒有太多的記憶。

自從我出生後，婆媳之間在教育我的問題上產生不少矛盾，幸好母親從小是孤兒，過慣了寄人籬下的生活，養成了忍耐的好性格，處處懂得忍讓，在祖母生前也未發生過明顯爭吵。

記得我小時候常常溜到祖母房裏，她對我表現出長輩特有的慈祥，疼愛有加。常常會從磁壇中拿出「京江臍」（一種麵點：鹹的是白色，甜的是醬紅色，五角形狀）、蛤蟆酥給我吃。有時也會在她陳舊的皮夾中抽出幾分錢讓我買零食吃。

她房中牆上掛著一張「東方朔獻桃圖」，還有一張古老的雕木方床。床前的桌上常常放著一本經書，祖母非常相信佛教，認為冥冥之中有神靈主宰、有因果報應。古老的櫥櫃裏還放著老祖宗留下來的花翎（清朝官帽上的飾物，裏面有銅錢、孔雀毛，以後也成了我做毽子的好材料），據說老祖宗做過的官也就是教諭一類的，相當於現在的教育官員吧。還有銅版印製的自明朝以來歷代老祖宗的畫像——身著官袍，戴著官帽，帽頂上的花翎斜豎著。每當家中祭

祀時，這些大的畫像就會掛出來，讓我們磕頭祭祖。祖母房間地板已陳舊，走起路來吱格吱格地響。

我們家的規矩不少，早上起來要向祖母請安，說一聲：「太太早！」（我們稱祖母為太太）、「爹爹早，娘娘早！」，吃飯時不能嚼出聲音來，吃菜時只能吃自己面前的菜，不能把胳膊伸到對面去挾菜。有時家中添了一、兩碟好菜放在某人面前，說是為他做的，你就不能去挾。

我天生是個叛逆者，屢屢打破家規，對家人偏心的陋習不斷抗爭，因此我也是挨打挨罵最多的。當時除了祖母疼愛我以外，我覺得沒人再疼愛我，從小倔強的性格慢慢形成。有一次，不記得為了什麼事，我被打了，於是我拼命哭，心想非要哭得他們受不了才好。哭了又跑到院子太陽底下曬，趴在地上不起來，母親心疼了去拉我。我被拉回來後，又跑回原處仍照原樣睡好、再哭。直到哭夠了、睡熟了才甘休。

關於哭，聽母親講過一段往事。我小時候特好哭，一哭起來就沒完。記得父親在蘇北工作時，我們全家都跟隨過去，蘇北河岔很多，有時要通過日寇的封鎖線。一次為了躲避日本鬼子，我們全家和其他人家同乘一條船去蘇北某地逃難。行至日寇佔領地區，我突然無端地哭了起來，大人怎麼勸也停不下來。有人急了說：趕快把他嘴摀住，要被日本人發現一個也別想活！母親實在不忍心，但又出於無奈，只好摀住我的嘴，一會鬆一會緊，直到我沒力氣喊了為止。幸好未遭遇到日寇，否則後果不堪設想。

我童年時代也有快樂的時光，記得在蘇北剛上小學時，老師教我們唱歌，歌詞大意是：「手把個鋤頭鋤野草呀，鋤去野草好長苗呀，依呀咳！呀呼咳！鋤去野草好長苗呀，呀呼咳，依呀咳！」回家一唱大家都說好聽，我十分高興。後來大哥也學我唱，他把「好長苗」唱成「和尚廟」，引得大家哄堂大笑。

上個世紀四十年代，中國滿目瘡痍，人民十分貧苦。蘇北農村更是貧窮落後，孩子們能玩的東西很少，只能「就地取材」，用陶塊、瓦塊在一小方格內砸著玩，每人先出一塊放在方格內，然後輪流用手中的陶塊向方格內的陶塊砸去，誰能砸出陶塊，陶塊、瓦塊就歸誰。砸得越多越好。尤其是塗過釉的彩色陶塊更受歡迎。我經常會贏很多陶塊、瓦片，裝了一口袋帶回家當寶貝收藏。

有時也會去田埂，牆角去抓蟋蟀，回來後跟哥哥們鬥蟋蟀，又是餵飯又是餵辣椒，忙得不亦樂乎。夏天爬樹上抓「天牛」「知了」「金龜子」。再用線栓住它。有一次，在我家幫工帶孩子的小蓮子（蘇北將年輕的女傭人叫小蓮子），帶我去河邊玩，那河依現在眼光來看也就是一條小水溝。我記得想讓她幫我抓一隻蝴蝶，她不小心掉進水中，幸好她會水，很快又游上岸了。我愣在那裏一聲不響，只見小姑娘把衣服擰乾又穿回身上。彷彿沒有發生任何事一樣，她有一條漆黑的長辮子，做事動作十分俐落。

有一次，我到河邊去揀貝殼，當時蘇北流行護膚用品是「歪歪油」（現在也有叫蛤蜊油的），即在貝殼裏裝凡士林，既經濟又實用。「歪歪油」廠就在河邊，河邊貝殼也最多。我一步一步向河灘移去，一不小心踩在貝殼上、順勢一滑，滾到河裏去了。河邊有不

少婦女在洗衣服，發現後都驚慌失措地大喊：「哪家伢子掉到河裏了！快來救啊！」這時，一位拉板車的工人正好路過，他放下板車就往河邊跑，跳到水中一把把我抱了起來。工人把我抱上岸，又送我到家。家人一看都嚇壞了，趕緊謝了救命恩人，又把我抱到床上用被子捂起來。一會兒紅糖生薑茶也做好了，喝下去睡了一會，沒事，大家才放心。事後，母親回憶起前一天晚上她曾做了一個夢，夢見父親要把大哥扔下河，爺爺站在河中不讓扔。母急醒後暗慶是場夢，不料卻應在我的身上。她說這是爺爺在保佑我。

在姜堰時，小巷子很多，有一回巷子裏人聲喧嘩，我出於好奇就溜出去看，原來是孩子們在「打巷戰」，互相用磚瓦塊攻擊。圍觀的人都躲得遠遠的，偏我不知厲害，將頭伸出去看，不料一塊瓦片正砸在我額頭上，頓時鮮血直冒，我一邊哭，一邊用長袍子兜著血，血一滴一滴掉在袍子上。就這樣哭著回家了。其他小孩知道闖禍了，都一窩蜂地跑散了。祖母、母親一看慌作一團，趕緊找出白蠟先給我塗上止血，後又請醫生給我看。本來是可以很快癒合的，據說，因祖母心疼我，給我吃了「砧肉」又復發了（其實是未嚴格消毒而發炎了）。後又打了幾針「盤里西林」才消腫。額頭本可無疤痕的，但因發炎造成瘡面增大，留下了疤痕。

1943年，日寇的鐵蹄正踐踏著中國國土，人們飽嚐戰亂、貧苦，流離失所，朝不保夕。有一次，我隨家人去親戚家串門，突然日本飛機來轟炸，只聽轟轟聲由遠而近，大人們慌忙把我用棉被裹住躲到床下，有的就用大木盆蓋在身上，緊張極了。不一會只聽到「嘩……轟轟轟」的聲音，像倒垃圾一樣，日本飛機丟炸彈了。過

了一會飛機遠去，外面哭聲四起，狗也在狂吠。哭爹喊娘亂成一片。事後聽大人們議論，某某人家被炸，某某人家死了什麼人，淒慘之狀不忍聽聞。

還有一次，在蘇北農村，大家都聽說日本人要來搜查，於是都忙於躲避，唯獨祖母不願意，她說她那麼大年齡了，不怕他們會對她怎麼樣，苦苦勸說無效，只好讓她留在家中，其他人都躲藏起來。等日本人走後，大家急忙趕到家中，看到祖母已癱瘓在躺椅上起不來了，主要因為她看到日寇兇神惡煞的樣子被嚇壞了，幸好那次日本人未對她加以傷害。

除了日寇外，還有助紂為虐的汪偽「和平軍」，他們是鐵杆漢奸，經常殺害抗日人士。有天我跑到村邊去玩，遠遠看見麥場上有一隊士兵在訓練，幾個赤膊的男青年被綁在麥場邊的木柱上，默默地被太陽烤得汗流浹背。據說他們是被和平軍抓到的新四軍，準備活埋他們。不一會，只見一軍官模樣的人講了幾句什麼話，士兵立即散開向村裏跑去，圍觀的人拔腿就跑，我也拼命往家跑，到了家還把門閂上，嚇得躲了起來。村裏已亂成一片，哭聲震天，好多人家被抓，妻離子散。幸好那次士兵沒上我家門。事後聽說，這又是和平軍在搜查新四軍。兵荒馬亂的年代，百姓毫無反抗能力，只能聽天由命、任人宰割。

百姓在無助和無奈中只有求助於神明，磕頭燒香，求神保佑。蘇北土地廟很多，供奉著大大小小泥菩薩，許多小菩薩頭是活動的，可以拿下來。一次，有幾個小夥伴不知從哪弄來幾個爆竹，玩起了惡作劇。將爆竹放進菩薩的肚裏，再把菩薩頭蓋上，然後點燃

爆竹，只聽嘭的一響，泥菩薩頓時粉身碎骨。孩子們歡呼雀躍，開心異常。大人們大喊：「作孽！」

聽父親說過，有一個鄉郵政局剛落成，房屋很大。一天早上，郵差第一個上班，剛打開大門，就見一個人渾身是血站在屋裏。他嚇得轉身就跑，一口氣跑回家中，倒在床上，沒兩天就死了。後來通過當地人瞭解才知道，這裏原來是日本鬼子殺人的地方，冤魂未散。現在看來那只是一種迷信的說法。

在蘇北常常聽說許多鬼魂的事，諸如有人見過「過陰兵」的事，這是說曾經在戰爭中死去的士兵們的鬼魂沒有散去，常常在陰沉的夜裏會出現集隊行軍的幻象，有時還打著火把。戰爭年代死人很多，墳頭也多，屍骨遍野，百姓常說見到鬼火，實際上可能是人骨骼裏的磷火。

再回過頭來說我的那個弟弟鴻書，他從小又聽話又乖巧。戰亂年代人民生活很差，我家東奔西跑日子也不好過。鴻書三歲就懂得大人心情，每當大人帶他出去，見到賣燒餅的時候，他很想吃但都忍往說：「這個燒餅不好吃，我不要。」大人知道他想吃，有時也滿足他一次。他吃時總是要分點給大人吃。我們弟兄之間相處也很好，他從不好強。不幸的是，沒多久他就染上了不知名的流行病，發燒數日不退，當地醫療條件又差，就這樣離開了人世。父母傷心欲絕，幾十年後提起他還情不自禁地落淚。我當時在學校認「字塊」，記得是五個字，即「故、植、樹、憐、他」，念著念著就哭起來了，至今想到他我還會流淚。1948年，我家已搬到南京，有一天早上天還未亮，我在朦朧中看見一個小孩全身穿著白色衣服站在

我被子上，一聲不響，一點重量都沒有，我感到他就是我的弟弟鴻書。我不敢喊他，也不敢看他，過了一會就看不到了。聽大人說小孩可以看到鬼魂，不知道是不是人的一種幻覺。

1945年日本投降後，我們回到鎮江老家。記得我還上了一段時間私塾，家中的書不少，但適合我讀的不多。為了收住我的心，父母決定讓我在私塾再讀一段時間書。那時，家人還找出一本論語讓我讀。私塾就在鎮江小爸爸巷內，教書先生是一位老夫子，戴著老花眼鏡，白鬍子，經常還要抹一種不知名的油膏在鼻子裏。教臺上放著一把戒尺，那是對付我們這些調皮學生的。我們怕打，所以研究出了對付的辦法，如要打手心，先把手心在板凳上磨，直到磨麻木了，這時伸過去。老先生一打就叫疼，不管打到沒打到。有時趁他不注意還可把手縮回來，反正他老花眼看不真切，只管叫痛就是了！

我們讀的書是五花八門，有「三字經」「百家姓」「千字文」「中庸」「大學」等等。讀時要搖頭晃腦，像唱歌一樣，內容懂不懂無所謂。念煩了就藉口上廁所溜到外面玩，如打彈子，踢毽子。有一次被老夫子發現了，沒收了我的毽子，還罰打手心。我回家向祖母哭訴被罰的經過，祖母一聽十分氣憤，決定第二天陪我到私塾去討回毽子。第二天，祖母邁著小腳一搖一晃地跟我到私塾去了，見到老夫子就說：「你把我孫子的毽子還給我，不然我就不走！」老夫子一見老太太出馬了，如把她氣壞了不得了，算了，還是省點事吧，於是連說帶哄把她老人家騙走，才完事。現在想想自己不僅調皮還拖累老人真是不懂事！

　　1947年我們全家搬到南京居住。先是住在上海路華新巷，在我家對面是國民黨的無線電臺，並有憲兵把守。在我家隔壁，僅隔一條小巷住著一個司法部的大法官，是個姓楊的大胖子。我家平房裏前後兩棟、中間一個天井，前棟住著郵局的同事姓劉，大概叫劉德裕。天井側面也住著一家郵局的同事姓丁，好像叫丁原頤。我家住在後一棟。屋後面還有一個小院子，我們栽了不少花草，月季花、薔薇花、含羞草等。我還養了我心愛的小動物：小狗、小貓、小兔子、烏龜。我的房間就緊靠院子，後門一開就可與小動物在一起。我小時候曾幼稚地想，將來到動物園工作就好了。至今我對動物還情有獨鍾。說起我的小烏龜還有一個故事，是一個夏天，我和小朋友們去屋後面的池塘裏摸魚，在塘邊有個糞坑，我發現裏面有只烏龜正在爬，於是我用棍子將它弄上來，到河裏洗洗。隨後把它放在安全的地方。我又去塘裏抓魚去了，正抓著一條大魚時，大哥來了。他看我在塘裏就喊我回家，我不幹。於是他把我衣服一抱就往家跑了。我一氣之下，扔了魚上岸，拿了烏龜拼命追他。我光著身子跑，又氣又急，一口氣到家就跟大哥打起來了。母親看後把我大罵一頓，看我身上一身泥又黑又髒，叫我趕快洗澡去。無奈之下這筆賬也未與大哥算成。烏龜就養在我家花園裏了。

　　大哥從小嬌生慣養、大少爺作風很厲害。讀書不用功，什麼東西都不當一回事。有一天父親給我們買了幾把紙扇，我們跑到院裏丁叔叔房裏請他題字。於是他給大哥題了「菜根甜，糙米香，書中滋味長。」給我題了「做一個好學生。」給我妹妹題了「歡天喜地」。都很有針對性。

　　我小時調皮是有名的，有一天我們幾個小夥伴跑到隔壁楊法官門口大聲唱童謠：「一個老頭，上山擲猴，猴子蹦掉了，老頭子翹掉了！」回家又被大人罵了一通，他們說這不是在對著楊老頭詛咒他嗎？幸好那個法官沒在意。

　　沒多久，我又犯了一個錯。夏天晚上納涼，我把小板凳放在路中間，楊法官上茅坑路過，一不注意被絆摔個跟頭，我看他那肥胖的身體被絆倒，像一個肉球倒下時，又好笑又害怕。父親當時十分緊張，連連道歉說好話，又把我臭罵一頓，總算沒事了。

　　有一天，我無意中去無線電臺玩，想抓青蛙。當時無線電臺院內存放很多電杆，電杆下面青草裏有很多青蛙。幾個憲兵看我好玩就跑來逗我，並幫我抓了好多青蛙。隔了幾天，我又去玩，憲兵們說帶我去看電影，於是我就隨他們一道乘著吉普車去了電影院。看完電影他們又買了許多好吃的東西給我。

　　後來，我再去無線電臺，憲兵班長送我一支鋼筆並讓我帶一封信給我大姐，還有他的彩色照片（那時彩照不同現在，就是在黑白照片上塗一些顏料）。我沒加思考就興奮地往家跑，到家就一頭闖到大姐房裏，把照片和信交給她，我還以為做了好事呢！誰知過一會兒，大姐漲紅著臉出來把我大罵了一通。父親聞訊出來，得知我要把憲兵引到家來，狠狠地打了我一頓，從此不准我去無線電臺。我還蒙在鼓裏，不知為什麼他們那樣生氣。原來是憲兵們早已看中我大姐，她每天去金陵大學讀書，都要經過無線電臺崗亭，那些憲兵早就看中她，動了心思，只是沒機會上手。信中約定週末到我家來玩，父親十分焦急，既不能拒絕、又不能答應，因為憲兵是得罪

不起的，弄不好就會被他們害得家破人亡。想了半天忽然想到一個遠房堂弟何國魂是在國防部工作，他也有相當高的軍銜。於是父親打電話與他聯繫上了，他答應到時過來。週末到了，家裏準備了飯菜，全家十分緊張。大姐躲在房裏不敢出來。表叔何國魂身著校官服、帶著勤務兵，乘著吉普車威風凜凜地來了。何讓勤務兵在外面等候，自己一人先進到屋裏。不一會，憲兵也如期赴約，四、五個人穿著整齊的軍服，臉也光過，好像還用了一點香水之類的東西。進門時挺直胸脯，一個立正，向我父親行了一個軍禮！忽見屋裏還有一位校官在場，幾個人神色有點緊張。後經父親介紹，何國魂也與他們相認了。他們看到何的軍階比他們高，立即又一個立正，向何也行了軍禮。何示意他們坐下，他們才戰戰兢兢地坐在椅子角上，進門時的神氣已蕩然無存，像小學生一樣聆聽何的訓話。隨後父親從中周旋，緩和了氣氛。大家閒聊起來，才扭轉了僵局。中餐時，父親熱情招待，但幾位大兵仍感到不自在，勉強吃了一點就找藉口開溜了。驚險的一幕總算過去了。但家人仍有些後怕，萬一他們再來又怎麼辦？於是，憂心忡忡地過了幾天。此時，解放戰爭已到大軍渡江的前夕，戰事緊張，憲兵忽然被調往前方，我們懸著的一顆心才算放下。

　　1948年，國民黨的江山已是風雨飄搖，人心惶惶。亡國的跡象已顯露出來。靡靡之音彌漫在空氣中，如「三輪車上的小姐真稀奇，眼睛大來眉毛稀，皮膚白來腰身細，張開了小口笑嘻嘻……」「浮雲散啊，明月照人來……」；另一方面地下黨活動也十分頻繁，經常聽到進步歌曲也在傳唱，如「古怪歌」「山那邊喲好地

方」等。到了下半年，達官貴人都開始逃難，越往後逃難的人越多。我們院子裏也開始騷動，先是前院的劉德裕家，他們舉家遷往臺灣。接著丁原頤家也不知去向。我們家也在深秋，開始舉家東遷上海。南京下關火車站車廂爆滿，人從車窗裏進出已成常事。我們一家八口（祖母仍在鎮江，托遠親叔叔代照應），上車談何容易？於是，父親先讓母親隨哥哥姐姐們在車下等候，我隨父親先上車。車內人已很難走動，我隨父親用力向前擠，走到中間，忽然車門口又上來一個胖子，他還有一隻大箱子堵在車門口，其他人上不來也下不去。這時車內一片騷動，人們擠過來擠過去。我怕極了，生怕被擠死，於是拼命喊，父親見狀更急！這時列車員看到要擠出人命來，趕緊要胖子下車。胖子還在掙扎，不想下車還想往上拎箱子。列車員火了，上去就給了他一記耳光，一腳將箱子踹了下去！趁車廂鬆動之際，我和父親也隨即下車另尋辦法。後來我們一家坐上了掛在列車後面的郵政車廂，才算安穩了下來。但到了蘇州車站時又擠上一批傷兵，當時叫「榮譽軍人」，任何人都要讓他們三分的。稍不如意，他們就算打死人也沒人敢管。就這樣勉勉強強到了上海。

輾轉滬寧

　　火車抵達上海已是萬家燈火，在月臺昏暗的燈光下，人們扛著皮箱、包袱，行色匆匆地湧向出口。我們隨著逃難的人流慢慢移到出口的候車室。室內擠滿了人，人聲鼎沸，空氣沉悶。在一張張疲憊的臉上，刻寫著焦慮、失意、痛苦。

　　父親和大哥先出外找車，母親和我們幾個人在看東西。其實，值錢的東西已不多，只有一臺電子管的收音機還值幾個錢，它被放在旅行包裏。過了一會，一個年輕女子約二十多歲來到我身邊，她操著上海口音對我說：「小阿弟！儂到啥地方？阿拉坐一歇好不啦？」說著就坐了下來。當時人流來往不斷，在昏黃的燈光下，令人頭暈目眩。沒過一會，那女人就已不知去向。等父親回來讓我們上車時，才發現少了那只裝收音機的旅行包。四處遍尋不著，料定是那女人偷走了。我們都很懊喪，父親恨得跺了一下腳，顧不上講什麼了，就催促我們上車。

　　三輛三輪車行駛在顛簸不平的馬路上。一路看去，盡是忙忙碌碌的人流，街店裏閃著五顏六色迷人的燈光。沿街乞討的乞丐，拄著拐杖、拿著飯碗向行人乞討。在市區繁華地段，也能看到衣飾華麗的貴婦人身影。我們經過靜安寺大自鳴鐘，又進入江甯路集賢村大鐵門前停下。看門的是個印度巡捕，上海人稱他們「紅頭阿

三」。進入集賢村弄堂裏，不遠就看到六號門牌。門裏的姑媽早已等候在家，大家進屋後寒喧了一番，戰亂年代不用多講，大家也能理解出門的艱難。父親與姑母在談天，我們就在四處張望。看到姑媽家房子雖不很大，但還比較講究，大門特別厚重，顯然是個殷實人家。姑媽生有二子四女。兒子東迎白白胖胖的，在牛奶廠工作，大表姐叔東在務本女子中學當校長，其他幾個子女也都有工作。四個女兒中有兩個是中共地下黨員，解放前夕曾被國民黨逮捕，受過嚴刑拷打，後經地下黨營救才脫離苦海，解放後都擔當了領導職務。

由於姑媽家人多房小住不下，就由姑媽安排我們住在堂叔家。堂叔家就在馬路對面的光明村。我們分別住在閣樓和亭子間裏。雖然擁擠，畢竟有了棲身之地。堂叔家對門樓房住著兩個白俄女人，上海人稱她們為羅宋人。堂叔家有抽水馬桶，以前我沒見過。一次，我到廁所方便，隨手扳動水廂上的把手，水「嘩」地湧出來。我嚇了一跳，以為又闖禍了，生怕水流不止，於是就偷偷跑了出來。一聲不吭。等我出去玩過回來，再去偷看水廂，不響了！我才放心。

一天下午，我趴在窗臺向對面樓房看去，見對面羅宋女人養了兩隻貓，特別肥大。她們每天餵牠牛奶。我正看得出神，忽見那女人對我看來，我向她做了個鬼臉，用手在臉上刮了一下，舌頭一伸跑了。誰知這白俄女人發火了，嘰哩哇拉地跑過來向大人告狀。我嚇得不敢出來。大人弄明白後，把我大罵一頓，又向人家賠不是才算平息。

又一天，我在姑媽家玩，聽到外面有小朋友喊，我就慌忙向外跑，順手將大門一帶，不料手縮回來慢了，一下將右手中指夾住。頓時，鮮血直冒，指甲蓋已打翻。我疼得直叫，大人見到後大驚失色。立即送我到醫院去治療，醫生說指甲要剪掉，此時已別無選擇。治療時疼得我直叫，直到包紮好才算安靜下來。以後每天去換藥，一開始由大人陪我去，以後長了就讓我自己去。一天，我靈機一動，想省下錢買零食吃，就沒去醫院。回來後，無意中大人看到我手那麼髒，紗布也黑黑的。就問我去醫院了沒有？我撒謊說去了。又問新換的紗布怎麼會這麼黑？我還說他們是用舊紗布給我換的。此時謊已說不圓了，只好又挨了一頓罵。以後每天還是有人陪我去換藥，直到好了為止。

在堂叔家吃飯也不容易，上海人習慣，人皆共知——吃得比較細巧，飯也吃得少，碗特別小。十多個人圍著一張大圓桌，中間只有三、四盤菜，小孩手又短，想吃也夠不著。幾天下來，父母也感到這樣下去不是辦法。於是，匆匆忙忙找房子。經過一番周折總算在閘北中興路找了一處草房。不久，我們就搬了過去。閘北是窮人區，門前是砂石路，兩旁草房很多。我們房後有一小院，房東一口壽材放在長凳上，天天路過看了都有些害怕。夜裏常聽見警車、救火車拉著警報呼嘯而過。這裏是草房，常常發生火災。最緊張時，夜裏還常過坦克，隆隆的轟鳴聲震盪得地動山搖。就在這樣兵荒馬亂的年代，我們一天天地混著日子。有一天，我跑到閘北大鐵橋那裏去玩，看見在橋頭垃圾堆上躺著一具無頭屍體，一絲不掛，大約二十來歲。這種現象路人已司空見慣，幾近麻木。

　　父親來上海本是想與同事一起去臺灣，由於父親是個孝子，不
忍心丟下老母不管，再加上孩子又多，行動不方便，所以，一直猶
豫不決。後又聽到太平洋號海輪在去臺灣途中被炸，死了不少人。
為了全家安全，還是留了下來。

　　父母為了我們將來能有出息，狠心把積攢的戒指等細軟變賣，
供我們去上學。我在國強小學上學，哥哥們上中學。上海教育水平
比南京高。我們三年級英語水平已很好。另外，還學石膏雕刻，先
將畫印在石膏上，然後再在上面用刀雕刻。又學磁磚設計，圖案畫
在方塊的一角，然後四塊一拼就組成一幅美麗的畫。又學音樂，如
《送別》，「長亭外，古道邊，芳草碧連天……」。我對這些都非
常有興趣。

　　但是，上海是富人的天堂，窮人還是被人鄙視。有一天，我
沒穿襪子上學，被老師發現後當眾批評了我：「你看，襪子也不穿
就來了，像個小癟三！」由於我的自尊受挫，我下了決心，堅決不
再上學！與此同時，二哥也遭遇同樣問題。於是我們弟兄倆都開始
逃課。每天照常出去上學，但不是到學校，而是上鐵路。幹什麼？
揀香煙盒。鐵路上過往火車很多，煙盒扔得也多。晚上，我們把揀
回來的煙盒整理好，收藏起來。煙盒非常漂亮，五顏六色，有老刀
牌，哈德門，大前門，美麗牌，還有外國煙……數不勝數。有時我
們把煙盒疊成蛤蟆，雙方用口吹氣，看誰被鬥翻，誰就算輸。

　　這樣快活了幾天，終被父親發覺了。父親嚴厲地訓斥了我們，
說我們不知父母的一番苦心，不知生活的艱難，仍然逼我們去上
學。第二天，父親親自送我們去上學。一手抓著一個。走到閘北鐵

路平交道口，欄杆已放下，標誌著火車快來了。這時車和人擁擠在一起等火車過去。忽然，二哥一掙脫跑了，我趁父親在看他的時候也掙脫了，而且不要命地穿越欄杆，跨過鐵路。當時路人都驚呼：「這個小居頭不要命了！」父親也緊張起來，生怕火車來要發生事故。幸好我生來敏捷，反應也快，一頭就鑽到對面人群裏去了。父親沮喪地空手而回。

我們在外日子也不好過，沒有水喝，中午不敢回家吃飯，在鐵路上晃蕩。餓著肚子挨到天黑，再小心翼翼地偷偷回家，先把飯吃了再等著挨打，這是必經的程序。果然不出所料，父親見到我們先是一頓打，然後再進行教育。我們經受了第一次打擊後，知道下面不會再打了，也就放下心了。父親講了供我們上學的艱難，又講了對我們的希望。最後，問我們到底想不想念書？我們異口同聲地說不想！原因就是前面已說過的。父親看著我們、也理解我們要自尊的心理，就不再逼我們上學了。於是，歎了一口氣，認了！

戰爭空氣越來越濃，閘北不是安身之所，萬一開戰首當其衝。於是我們又設法搬到市區來住。找了半天，只有福建中路的通裕旅館還有空房。於是，我們就搬到市內，旅館內擁擠不堪，什麼人都有，天天新聞不斷。我們一家就租了一間房，晚上打地鋪，白天卷起來。為了生存，父親又販來一批芭蕉扇，讓我在弄堂口擺了一個地攤。地攤旁邊就是絨線公司，裏面進進出出人很多，我還以為會有人來買呢！可是頭一天就白坐了一天。

白天看見的兩件事讓我至今無法忘懷。一是有一婦女帶著吃奶的孩子坐在人行道上乞討。她面前放著一個匾，裏面放的是糠皮，

女人袒露著胸膛，一邊用乾癟的乳頭在餵孩子，一面自己用手大把大把地將糠送進口中。觀者無不動容。另一件事就是看見一對乞丐，一個已死、一個在人行道上將他推滾，行乞。兩人都是雙腿已斷，乞丐哭天喊地，路人只是同情，出手相幫的甚少。

第二天扇子攤又擺出去，絨線公司的夥計就教我：「你要喊呀！扇子要吧？大減價了！」於是我照他的話去做，喊了半天就喊來一個老頭，他說要買把扇子扇爐子，左挑右挑嫌貴！沒買。

我坐在街上無聊時就東張西望，看到街上樓房玻璃窗都貼上米字形的紙條，（貼了紙條萬一被炸彈炸了，玻璃不會向四處亂飛傷人）。街人都傳說上海要打大戰了！要市民準備一個月的糧食。物價也隨之一天漲幾次。回到「家」中，常聽大人們議論：某某人已去臺灣，某某人被抓，哪個工廠的地下黨已組織工人護廠。旅館內的國民黨軍官，紛紛找百姓換衣服，上好的呢子軍服都扔了。他們急於逃命穿便服化妝逃跑，所以天天在垃圾廂裏都能揀到呢子軍服。旅館裏還住著一個刻字的，手藝特精湛，他刻字時只用墨塗在章上，隨手就刻，不一會章就刻好了，又漂亮又快。我很羨慕他的手藝，經常到他屋裏玩。

有一次，妹妹的一隻膠鞋不見了，大家到處找找不到。後來發現在旅館的大仙神龕裏（我們叫它「老太爺」）。旅館老闆很迷信，供了一個大仙的龕位。大仙與黃鼠狼相似，只是臉圓些，傳說它會顯靈。人們一般不敢得罪它。

那時舅舅也跟我們住一起，他每天早上未起床要先吸一會「白麵」，「白麵」就是海洛因，吸時用一張錫紙，將白麵倒在上面，

再用一個紙媒子點著，在下面燒，上面用紙卷一根管子用嘴吸。吸得面黃肌瘦。但他躺在地鋪上倒顯得悠然自得，不停地噴雲吐霧。父親很看不慣，但礙於母親面子，又不便發火。一次，我逗他起床，他不起來。我正站在門外，他被逗急了，就一腳把門踢上，門正好撞到我頭上，我哭了。父母見後都責怪他，不該跟小孩一般見識。後來他一生氣，就離開我家另尋住處了。

上海的攻堅戰終於打響了，主要戰場是在郊外。但不時有流彈在街心裏穿過。馬路上行人都沿牆腳走，誰也不敢過馬路。流彈在街上呼呼作響。有一天，一個挑餛飩擔的小販橫穿馬路，不幸被流彈擊中，當場倒在馬路中央鮮血直流。路邊行人直喊「爬過來！」他疼得直哼，在路上蠕動。街道牆上原有國民黨留下的反動標語：「××不死，大亂不止！」地下黨就在原標語上改為「蔣匪不死，大亂不止！」地下黨活動非常活躍。表姐夫徐國華在發電廠工作，那時也常到旅館來看看我們。從他那裏不時聽到一些消息，如某廠自衛隊成立了；某廠可能要被炸；或是某廠工人糾察隊已開始值班護廠。一天下午，徐又來了，還帶了幾顆子彈，他說他們廠已發槍護廠了，堅決不讓國民黨炸。形勢十分緊張。

旅館裏面也發生變化，許多國軍軍官已化妝逃跑了。垃圾箱裏天天發現國民黨的軍用品，我還揀了一條呢子腰帶，回家後父母不讓我要，叫我扔掉。我捨不得扔一直藏著，後來還是被發現才扔了。又有一次，一早我去弄堂口的垃圾箱揀東西，發現許多嶄新的金元券，我拿了一捆。大哥知道了也來拿了幾捆。回家把它當廢紙玩。不久，解放軍進入市區，一列縱隊沿著牆腳行軍。一律黃軍

裝，打著布裹腿。隨後幾天，街上出現了很多公告。漲價的風氣有所收斂。過了幾天，一個清早，大哥興奮地告訴我，金元券可以換人民幣了。我高興地把錢全部拿出來，讓他去幫我換人民幣。過了一會他回來了，把換到的錢給了我。記得上街只買了幾塊燒餅。

解放了，一切恢復正常。大姐已回南京金陵大學上學去了，她是住校裏的。我們不久又全家遷回南京。

1949年冬，我們從上海回到南京，南京這座古城由於未發生大的戰鬥，一切都保存較好。經過戰爭的洗禮，人們相見有一種劫後餘生的感覺，彼此相慶還能活下來。對新生的人民政權充滿了渴望，渴望給他們帶來安寧、幸福。隨著社會安定，生活也轉入正常。

大街小巷裏常常看到人們歡慶解放的腰鼓隊在載歌載舞，也常聽到歡慶解放的歌聲。給我印象最深的兩首歌是：「解放區的天是明朗的天，解放區的人民好喜歡，人民政府愛人民呀，共產黨的恩情說不完呀，呀呼咳咳一格呀咳！」「中國呀封建了幾千年，朝朝代代都是壞蛋坐江山。如今啊，老百姓呀把身翻，前面進攻打得地覆天也翻……」

剛解放，國家建設需要大量人才，為了解決急需，許多過去為舊社會服務的人又被重新登記錄用。與此同時，鎮壓反革命也在開展，國民黨潛伏下來的大批特務，紛紛落網。

父親經過登記審查得到留用。先是留在江蘇郵政管理局工作，後又調到北京郵電部工作。

在寧期間，我們住在雞鵝巷，位於一家小酒店後面，一座四層樓的房子。我在香鋪營小學就讀。大姐仍在讀大學，但可以回家住了。

我和同學放學後有時結夥去金陵大學草地上踢皮球，有時在路邊樹上偷摘幾個柿子埋到塘邊淤泥裏，據說過幾天就能熟了。有一天，同學送我一火柴盒蠶仔，我用棉花焐了幾天，變成小蠶了。我每天都到田邊桑樹上採摘桑葉。有時葉子上有水還要擦乾。否則，蠶寶寶吃了要拉稀，很容易死。等到蠶要結繭時，就見它身體一天比天透明，有的還發青，像玉。我絮了草把，把它放在上面，還不能讓蚊子叮咬。以後就看它在吐絲結繭，把自己裹起來。聯想到人們常比喻「作繭自縛」這個詞，再貼切不過了。

一天，父親回來告訴我一件趣事，就是我們在去上海前曾養了一條黑狗，後來我們要去上海，就請人把它丟掉。那人用麻袋裝了帶到郊外，把它放出來。正準備走時，它又鑽進麻袋裏，意思是讓人再把它帶回去，彷彿知道人家要丟棄它似的。於是那人不忍心丟掉，就又帶回來飼養了。直到南京解放，都一直養著。

那時，夜裏時常聽到空襲警報聲，國民黨飛機常常會來丟炸彈，也有時來散傳單，進行搗亂。有一次下關就被炸了，人們在驚恐中披衣出來觀望，在火光中看見濃煙滾滾，爆炸聲不斷。第二天就傳出下關多少房屋被炸，多少人傷亡。

為了加強人民武裝，軍事幹校都敞開大門向社會招生。大哥鴻元被錄取在華東革命軍政大學學習，後又分在湯山炮兵學校學習。二哥鴻貞考取棲霞山師範學校，由於他不甘心做教師這個行業，決

心放棄，又重新考到北京二十八中學習。父親因要調北京郵電部工作，等工作安定後再接我們去，於是決定讓我們先回鎮江與祖母在一起生活。

回到鎮江，我入了千秋橋小學上學。祖母年事已高，在1950年83歲時不幸離開人世。在病重期間，父親從南京趕回來。我們輪流陪伴祖母。祖母臨終時，我們全家都跪在她床前，因祖母生前最喜歡我，父母就讓我跪在最前面。為了追悼祖母，我家還專門請了和尚來家裏做法事，共做了一周，天天念經念至深夜。祖母就安葬在我家駙馬莊紅梅山祖墳中。

在上小學期間，由於父母向我打過招呼，不好好學習就不帶我到北京去。於是，我不得不努力學習，成績也漸漸好起來。調皮的性格也在逐步改進。沒多久，我被批准加入少先隊，後來還當上了小隊長。我們的班主任姓束，他自我介紹有人曾開他玩笑，喊他「熟荸薺」，他兼教我們語文課，有一天，他在黑板上寫了「錫茶壺」三個字叫我們認，說是一個人的名字。我們脫口而出——「錫茶壺」！他笑起來了，不對！應該念「羊圖坤」（音）。通過這提示，印象很深，至今還牢記在心。又一次，一位姓童的老師上音樂課，他可能是票友，愛唱京劇，於是他有板有眼地教我們唱《四郎探母》——「楊延輝坐宮院，自思自歎……」。

1950年爆發了朝鮮戰爭，中國掀起了抗美援朝運動，許多青年都報名參加了軍事幹校，並很快投入了朝鮮戰場。我們年齡還小，只能在後方好好學習，多參加宣傳活動。當時除了志願軍軍歌以外，還有一首歌很鼓舞人心，歌詞大概是「從東北，到西南，從沙

漠,到海邊。憤怒的聲音響成一片;熱血的青年紛紛參戰。全國各民族的人民,快起來、起來、起來、起來、起來!抗擊美帝,支援朝鮮,為保衛祖國的獨立而戰。抗擊美帝,支援朝鮮,為保衛祖國的獨立而戰!決不能讓那侵略者的野爪,玷污了祖國美麗的河山,讓侵略的野獸,消滅在我們的門前,支援了朝鮮的人民,也就是保衛了祖國的安全,支援了朝鮮人民,也就是保衛了祖國的安全。」

有一次,學校裏演活報劇,要四個人參加,兩個演中國、朝鮮,兩個演美帝、南朝鮮。我也參加了。又一次學校演活報劇,內容是反對細菌戰的。中朝人民用大掃帚把蒼蠅、蚊子、跳蚤、臭蟲全部掃進垃圾堆。我演一個跳蚤,一邊唱、一邊跳。一不小心跌倒,四腳朝天,惹得大家哈哈大笑。

快畢業了,複習功課很緊張,白天想尋找安靜地方,於是就到蠶豆地裏背書。晚上,幾個要好的同學約好,一起到某同學家去複習,大家在一起討論,十分開心。在這期間,有一個姓趙的女同學默默地關心著我。那時衛生條件沒現在這麼好,頭上不注意就會生蝨子。她用一條棉線在梳子上一個齒一個齒地繞好,然後幫我梳頭,梳後看留在梳子上的是否有蝨子,結果沒有。平時,女同學們總愛拿我們開玩笑,我們表面上不願意,其實聽了心裏還是甜蜜蜜的。對一個少年來說,並不知這就是初戀的感覺。我們有時一起去江邊公園散步,去北固山懷古,有時也去城外伯先公園玩耍,一進大門就見北伐軍將領趙伯先的青銅像高高聳立著。他一條腿曲膝向前,一條腿後蹬伸直,腰間掛著指揮刀,腳上穿著大馬靴,雙手抓著望遠鏡,眼睛注視著前方,給人一種威嚴的感覺。記得她蹲在池

塘邊洗手，要我幫她從褲子口袋裏拿手帕，當我從她褲袋裏拿出手帕時，不知為什麼心裏呼呼亂跳，大概少年第一次接觸異性時都會這樣吧！直到玉兔東升，我們才依依不捨地分手回家。就這樣愉快地度過了幾個月，小學畢業了。老師、同學知道我要去北京上學都十分羨慕，相互贈送紀念品，互相題詞勉勵。其他同學依然留在鎮江上中學。我的初戀也暫時中斷了。

北京求學

1952年夏天，我們全家搬到了北京，住在西單劈材胡同鄭王府夾道六號。大門斜對著高教部的後門（即現在教育部後門）。我們住的是個四合院，院內有兩棵大棗樹，住著六戶人家。

緊靠門口的一戶是天津人，一個老頭經常操著一口天津話，與人打招呼。左廂房住著一個三十多歲的單身漢，有時也會有一個阿姨到他家作客，人們都喊那阿姨為二姨。緊靠左廂房的是我們一家。最邊上一家是東北人，子女較多，有兩個男孩已出國在捷克留學。家中還有一個女兒，一個小兒子。女兒叫大寶，與我們年齡差不多，常和我們一起玩。

中間一戶是一對母子倆，母親言語不多但很有修養，知書達理，與鄰里相處很好。兒子劉西園已三十多歲，為人豪爽，酷愛音樂，愛交朋友，尤其是音樂界的朋友。一星期總有幾天要去學習小提琴。其父原是東北軍一位將領，張作霖的部下，但去世較早，留下一些遺產供母子生活。我經常到他家去玩，聽他拉小提琴。他一邊喝酒、一邊啃梨的形象，至今難以忘卻。他酒後拉動小提琴，手在琴弦上揉動，隨之發出柔和的顫音，黝黑的長髮隨著琴聲在臉前擺動，那瀟灑的神態，那優美的音樂，使人陶醉。

　　我家對門是房東蔡家，未見男人，只見婦人帶著一對子女生活。其男孩蔡仲仁與我年齡相仿，我們一見面便成了形影不離的好朋友。他姐姐二十左右，風華正茂。她有一個男朋友，正在熱戀中。男友經常騎自行車來她家，頭髮黑亮、衣冠楚楚，下車的動作特別瀟灑。

　　我們的住房是一大間和二小間，面對院子有一扇很大的落地窗，仿日式建築。我們兄弟就睡在大房裏，大姐單獨住一間，父母帶著小弟小妹住另一間。院內靠圍牆有一小巷，巷子深處是公用廁所。每次只能容納一人，因此，人到巷口，總要問「有人嗎？」。

　　夏天，樹上結滿了大棗，特別誘人。我和蔡仲仁經常拿一根竹竿爬到樹上打棗，或用手搖晃樹枝使棗掉下來。往往一弄就是一臉盆，又大又甜。吃不完就用蒸籠蒸，蒸熟的棗子也十分好吃。院內幾乎每家都吃到棗子。

　　北京的小孩幾乎都會「三角頂」，不管男孩女孩都行。我和蔡仲仁、大寶在一起，就見他們毫不費勁地對著牆雙手向前一趴雙腳向上一翻，腳就蹬在了牆上；如果頭頂在地上，雙手撐在地上，腳翻上去，那就是標準的三角頂。我試了幾次，都不行，往往一翻就摔倒在地上。以後就再也沒學會三角頂。

　　暑假很快要過去了，中學招生已開始。當時，北京還流行男女分校，父母為我報考了離家最近的三十七中，它是新成立的學校，前身是弘達學院。37年後（1989年），我出差北京時，聽北京的同行們閒聊才知道我們母校還出了個名人，即著名體育解說員宋世雄。進校後，首先要適應北方的新環境。沒多久，我便能講一口流

利的普通話，有時還學會一些北京方言，稍不注意很難辨別我是外地人。有一次，我們班主任劉明熙找我談話，瞭解思想，聽完我講話，他還以為我是北京人，我回答他不是，他很驚訝。

初到北京時，每個星期日父親都會帶領全家遊覽北京名勝古蹟，像故宮、北海、中山公園、頤和園、天壇、八達嶺長城等，使我們大開眼界。北京當時的物價還是很便宜的，記得我曾經用五分錢買到過豬肉。每天清晨都會看到推著大板車在街上叫賣切糕的人，當時還有一種焦棗特別好吃。在街上常聽到的是北京平劇「劉巧兒」，演劉巧兒的新鳳霞大幅劇照掛在街上，特別醒目。北京人對平劇十分喜愛，男女老少，人人都能哼上幾句唱段。「巧兒我自幼許配給趙家，我和柱兒不認識，我怎能嫁他啊……」

記得剛到學校看錄取通知時，有一位同學名字叫劉少奇，因與領袖重名，校方要求其父母更改他名字，於是改了。

學校少先隊活動也較多，因我在鎮江已是小隊長，轉到北京後依然擔當了小隊長。學校學習不算緊張，我的成績始終保持在中上等。

冬天來臨，北京天冷，風沙也大，人們常備有防沙用具：女人用面紗遮面，男人常帶風鏡。同學中很盛行穿馬褲，上裝多為列寧裝，有的同學還穿著雙梁的棉鞋，在我們南方都是單梁的棉鞋。我仍穿著大棉袍，又老又土。有一天早上，天氣特別冷。我出門倒洗臉水，一陣風吹來，將水濺在棉袍子上，馬上結成冰，硬邦邦的，怎麼抖也抖不掉。校園裏地上結的冰很厚，同學們課間休息時都愛溜冰，大家排隊從遠處跑過來，對著冰面用力一登就滑了過去，冰

面被滑得像鏡面一樣光滑。我一開始掌握不了平衡，經常被摔個仰面朝天，惹得同學們大笑。同學們看我還穿著長袍就象看老古董一樣，使我如芒刺背很不舒服。回家後就向父母提出要換一件衣服，不久我便穿上了列寧裝。記得小時候雨天我們沒膠鞋穿，都是自製的釘鞋，走起路來咚咚響——即在布棉鞋上塗抹桐油，鞋底釘了許多鐵釘子並塗抹桐油，經多次塗抹後晾乾，雨天穿它就不進水了。

進校要選修外語，當時中蘇友好盛行俄語，我就選擇了俄語。教我們俄語的老師是北京「中蘇友協」的，名叫唐奎。他俄語水平很高，身兼好幾個學校的俄語教師，發音特別好聽，說話幽默風趣。因此，我們對俄語的學習也特別有興趣，我當時俄語成績都在九十多分。

有一天，我發燒不能到校，父親替我寫了一張請假條送到學校。正好上俄語課，唐老師見到假條就念了起來：「小兒鴻燾，因發高燒，請假一日，明日到校。」同學們頓時哄笑起來，以後同學們見到我就唱「小兒鴻燾」，弄得我十分尷尬。又有一次，記不清是因為什麼，唐老師委婉地批評我說：「洪濤啊！洪濤，你如果學好了可以為人民造福；否則，就會洪水氾濫啊！」他錯把我的名字當洪濤了。

那時，學校十分重視革命傳統教育，經常請一些名人來校作報告。有一天下午，學校通知全體師生員工在操場集合，操場上已排好板凳，講臺也已搭好，記得那天風沙較大，天氣陰沉沉的。大約下午三點左右，一輛黑色轎車駛進了學校，校長、教導主任等領導都迎上前去攙扶著他走上主席臺。只見他眼帶墨鏡，瘦削的臉龐尚

留有疤痕，他就是我們崇拜已久的英雄——吳運鐸！中國的保爾‧柯察金！他在報告中講述了他的一生經歷，為了戰爭需要，他在修械所試製槍榴彈，多次負傷，雙目失明，但他憑自己的革命信仰、頑強意志，戰勝傷痛，出色完成任務。後來根據他口述記錄而寫成的一本書——《把一切獻給黨》，詳細敘述了吳運鐸革命的一生。

「五一」國際勞動節快到了，學校活動更多了。少先隊員經常在操場上列隊訓練，後來才知道是為「五一」在天安門前觀禮作準備。「五一」前夕，學校通知每人要準備好乾糧、水、白襯衫、藍褲子、紅領巾，隊幹部要把臂章帶上。大家都很興奮，因為第二天將要在天安門前觀禮，又能看到毛主席和中央領導。五一清晨，天還沒大亮，街上人已忙碌起來，參加遊行的人群列隊走向各個集合地點。我們全家也忙著吃早餐，各奔各的集合地。我隨著學校隊伍從西向東走到天安門廣場，和其他學校少先隊員隊伍匯合，列隊站在軍樂隊後面。只聽到軍樂隊不時演奏著威武雄壯的軍樂，印象最深的要算解放軍進行曲了。廣場上人們興奮地在交談、議論，大約九點多鍾，太陽已高高升起，天安門城樓上已陸續有人，兩邊觀禮臺人已站滿。沒多久，就聽見一個宏亮的聲音宣佈：「中華人民共和國慶祝五一國際勞動節大會現在開始！奏國歌！」頓時，軍樂隊奏起了雄壯的「義勇軍進行曲」。廣場上一面五星紅旗冉冉升起，迎風飄揚。接著，宣佈遊行開始，此時廣場上人聲鼎沸，歡呼聲、音樂聲、鑼鼓聲交彙成一片歡樂的海洋。天安門城樓上，毛主席、朱德、周恩來等黨和國家領導人神采奕奕地揮動手臂向人群致意，人群中爆發出「毛主席萬歲！中華人民共和國萬歲！」的歡呼

聲。遊行隊伍緩緩由東向西行進，天空不時有飛機列隊飛過，地上有坦克、軍車通過，工農兵學商各行各業展示自己的豐碩成果，場面壯觀，激動人心。遊行隊伍從上午直走到下午一、兩點鐘才算結束，最後是我們少先隊員湧向天安門，向領袖歡呼，毛主席那時頭髮又黑又亮，精力十分充沛，沒一會就見從天安門門洞裏走出三位首長，人們在喊，彭真、郭沫若，還有一位我沒聽清。他們面帶笑容走到金水橋邊，和我們只有兩、三步的距離，這時人們已向潮水一般向前湧去，我也順勢隨人潮向前，真想與首長握一下手，可偏偏不巧，一隻鞋子被踩掉了，找鞋子是不可能了，只能光著一隻腳向前跑。衛兵竭力攔住瘋狂的人群，首長們已轉身回天安門了，此時，騷動的人群才漸漸安靜下來。隊伍散開後我找了一會鞋子，但未找到，就這樣回到了家中。晚上，學校組織與其他女中同學聯歡，在天安門廣場跳舞。那時都流行集體舞，邊跳舞邊觀看放焰火，十分開心。

在1952年深秋，一天下午，大隊部通知小隊長以上幹部下午提前回家吃晚飯，晚上六時在校集中。我們按時到校集合，在老師的帶領下，列隊步行在大街上，由西向東沿著長安街向天安門方向進發。當走到中南海紅色圍牆時，向左一拐，在紅牆的邊門停下。老師主動上前與門衛崗哨交涉，崗哨看完介紹信後才放行。我們排著整齊的隊伍走進中南海，水泥路兩側是樹木和草坪，路燈已亮，像一串明珠鑲嵌在路旁的夜空中，蜿蜒曲折向前延伸。每隔10米左右就有一個崗哨，戒備森嚴。不知走了多久，終於在一幢房子前停下了，由於天黑，四周景物已看不見。進了大門，就見室內燈火輝

煌，眼前是一個會議大廳，右手是一個舞臺，臺下桌椅整齊地排列著，桌子裏面放著耳機、桌面上有許多插孔，據說是供接聽各種語種用的。天棚上有天橋，兩旁是翻譯室。開會時可以直譯各種語言。我們又跑到衛生間去，看到廁具十分整潔，潔白的磁磚，衛生丸放在鐵絲籠子裏，沒有一點異味。回到座位坐好後，才知道今天是在中南海懷仁堂與上海少年兒童劇團聯歡，上海少年兒童劇團是宋慶齡帶來的。我們代表北京少年兒童。晚會開始前，發出一陣雷鳴般地掌聲，大家希望迎來宋慶齡副主席，但由於她公務繁忙不能到會，只能由代表向我們致意。接著是文藝演出，場內是一片歡騰的海洋。這一天成為我終身值得銘記的日子。

回家後，我興奮的心情難以平靜，家人也分享了我的幸福。

在北京期間，少年兒童的活動很多，北京青少年宮也常舉辦一些講座。我曾參加過小提琴講座，他們請了老師專門講解小提琴的構造，發音原理，使我們獲得很多課外知識。

每週六晚上，我們全家都到郵電部大院看電影，部裏每週末都放電影，家屬小孩都可去看。印象較深的有《龍鬚溝》、《武訓傳》等。在郵電部隔壁就是中央人民廣播電臺，不像現在門面那麼大，過去機關都比較簡樸。

大哥那時已在北京人民銀行工作，二哥仍在北京二十八中上學。大姐已分配在一機部技術情報研究所工作。

一個星期日，我家來了一位嬌客。他帶著一副黑框眼鏡，衣冠整齊，年輕帥氣，一口標準的普通話。他就是我的姐夫侯繼豐，在農機部工作。那時他正在追求大姐，第一次到我家，出手很大方，

帶了不少糖果、糕點。以後他在星期日經常來我家，有時帶我去什剎海游泳池游泳。我也是在那時才學會一點點游泳，以後經常與小夥伴一起去，常帶一些玉米棒等，游泳後可以充饑。有時，我們結夥跑到復興門外高梁河去玩水。冬天，北方的雪很大，那時釣魚臺還是一片荒地，我們帶著自製的雪橇從高處向下滑，很刺激。

平時和我們一起玩的小夥伴很多。我們隔壁有一戶人家，他家正位於高教部後門對面，是一個中外合璧的家庭，男的是中國人，女的是蘇聯人，生有一女孩取名楊麗莎。楊麗莎與我們年齡相仿，長得像蘇聯人，能講流利的中俄兩國語言。她既漂亮又十分隨和，經常和我們在一起玩。她媽媽在某部工作，高高的個子，西服短裙，很有風度。後來聽說因中蘇關係惡化，蘇方招她回國，她無法抗拒，被迫帶著女兒回國去了。一個好端端的家庭就這樣解體了。

1953年3月5日，那天風沙很大，天空陰暗。下午，學校通知有重要廣播組織大家收聽。沒多久，校園廣播傳出哀樂，我們靜靜地坐在教室裏聽廣播。當聽到偉大的革命導師，蘇聯人民和全世界人民的革命領袖史達林同志身患重病經醫治無效不幸逝世的消息時，許多同學都失聲痛哭起來。連續幾天整個北京城都沉浸在哀痛之中，停止了一切娛樂活動。那時中蘇友好，人們對蘇聯十分重視，覺得我們是一個社會主義陣營的。因此，大家都有一種國際主義精神，把蘇聯人民的領袖也當作自己國家的領袖。

時光進入1953年底，中央機構有較大變動，精簡機構下放人員已開始。我們是南方人，組織出於照顧，把父親調到離江蘇較近的安徽蚌埠郵電局。我們家庭又經歷了一次波動，大姐已在北京工

作、大哥已調歸綏人民銀行、二哥在二十八中上高中，他們都不能離開了。二哥高中畢業後考取了清華大學電子電腦系，在當時是國內各所大學中首屆開辦的電子電腦系。1959年他以優異成績畢業分配在北京高能物理研究所工作（2007年10月我到石家莊探親才從姐夫口中得知：他原被錢三強看中要在高能所，60年代被提為副總工，並去美國考察電腦，這在當時還是很難得的機會。由於他性格與錢三強很像，業務很好，但處人不靈活，特別在後來所內進了高幹子弟後，當他們提出想出國考察時，所領導徵求了他意見，他太直率地表態認為沒必要，結果得罪了權貴。1962年被調到湖南長沙。在湖南省計算技術研究所工作了幾年後又被錢三強要回北京。在高能所工作幾年後，他又被擠到國際圖書貿易總公司當總工。直到退休後才又被聘回到高能所工作）。只有我和弟妹隨父母去安徽。

　　離別北京前，四合院的鄰居們都特別捨不得我們，我的小夥伴們更是難捨難分，隔壁劉西園首先邀我和蔡仲仁一起去西單合影留念，回家後又執意要單獨請我去吃西餐。記得那天晚上，劉西園邀我去了西單，在一家俄式餐館招待了我。那是我第一次吃西餐，進屋後就見潔白的椅套套在沙發上，桌上也是潔白的臺布，牆上掛著鑲嵌西洋畫的鏡框。吊燈也是仿外國的。那裏的服務員叫「博愛」（英文Boy），首先給我們倒了兩杯紅酒，又上了一盤麵包。劉說：這裏人倒酒特有水平，滿到口外還不潑出來。為了讓我相信，他故意用腳踢了一下桌腿，於是潔白的臺布馬上印紅了一片，「博愛」過來了：「�呵！人沒喝倒讓臺布給喝了！」俏皮話說完就又

拿來一塊臺布換上。接著菜上來了，劉讓我少吃麵包，並告訴我待會好菜上來就吃不下了。我一開始沒注意多吃了幾塊麵包，等後來果真是雞、鴨、烤排、牛肉等接踵而至，我真的吃不下了。最後還上了果汁、咖啡，真是酒足飯飽。一結賬只要四塊多錢。我們這一對忘年交，從此就再也沒見過了，在這半個多世紀裏，我曾多次打聽過他，但遺憾的是杳無音信，始終無法聯繫上。

初涉安徽

　　1954年的安徽還是很貧窮落後，蚌埠雖是交通樞紐，但由於地處淮海戰場，許多地方還留有戰爭的創傷。我們先是住在華昌街，後又搬到青年街。正好與當時一中的教導主任楊素冰住在一個院內，我們住樓上，他們住樓下。有了這樣的有利條件，我很順利地轉入一中學習。

　　一中在當地是一所重點中學，教育質量較高。進校後，我被分到初二（一）班。班主任朱檻秋向同學們介紹：「這位是從首都轉來的同學，新來乍到，摸不著鍋灶。你們要多照顧他、幫助他。」同學們都笑起來了。由於我是北京轉來的，在該校還從未有過。大家都有一種好奇心，常向我打聽北京的情況，問這問那。我當時還真有點自豪感。

　　一中真不愧是重點中學，他的師資力量十分雄厚，教學質量也不亞於北京。我在班上學到了許多過去從未學過的東西，比如：上動植物課，老師親自拿一隻兔子在堂上解剖，先用玻璃罩罩住它，再用乙醚將其麻醉，然後解剖。對其內臟逐項講解，哪裡是心臟、哪裡是肺等等。又一次解剖魚，側線在哪？是魚身體的平衡器官。魚鰾起沉浮作用……等等。上植物課時還用顯微鏡教我們看植物的細胞壁、細胞核。

上語文課時老師經常把同學們好的作文在課堂上朗讀，記得有一同學是懷遠縣的，他在作文中讚美家鄉美，講到家鄉有許多美景是這樣寫的：「我的家鄉有蝙蝠洞、白乳泉，牆上松、松上牆、獅子回頭望月亮，⋯⋯」同學們都發出讚美之聲。

又一次老師讓一位蔣同學朗讀課文，大意是講抗日小英雄雨來的故事，他眼睛近視，當念到雨來犧牲時，他一慌就隨口謅出：「雨來他死了嗎？他沒有死，他還活著。」同學們一陣哄堂大笑，以後經常用這話來開他玩笑。

學校化學、幾何、代數老師教學都有獨到之處，我感到收穫很大。高中部同學更是出類拔萃，有好幾名已確定保送蘇聯留學。

一中籃球隊是全市聞名的勁旅，體育老師劉湘上籃的動作特別瀟灑，其他幾位老師也各有千秋，有的上籃用倒馬桶式，有的側身投籃。他們帶的球隊驍勇善戰，所向披靡，以致引來許多強手要與他們決一雌雄。

有一天下午，來了一支球隊，是亳縣中學的。他們遠道而來，學校裏也十分重視，籃球場四周已擺好板凳，中線邊上放了桌子，並準備了茶水記分牌等。同學們對「亳」字不熟習，許多人都錯念成「毫」，老師笑著對我們說：「這是亳字，比毫字少一橫，它是曹操、華佗的故鄉。」這一指點讓我印象特別深刻，至今沒有忘記。球賽十分激烈，比分呈交替上升，一中幾乎調動了全部精銳部隊，球賽進入白熱化時，有的脫掉背心、乾脆赤膊上陣，有的光腳上場，大家打得難分難解。經過一場惡戰，我們終於贏得勝利。

當時足球要數蚌埠三中，他們學校有一體育老師叫耿本威，是本地有名的足球名將，傳說他當年曾與日本人賽球，由於他的球技高超，日本人屢屢敗在他腳下，丟盡了面子。日本人又急又恨，就找機會暗算他。在足球鞋尖藏了利器，故意傷害他小腿肚子，將他腿部肌肉踢傷，至今留有殘疾。

在這種氛圍下，我很快愛上了籃球，不論天氣多熱，我都光著上身在場上奔跑。一個夏天過去，我渾身黑亮，簡直成了泥鰍。

秋天，父親單位宿舍樓已建成，是一群米黃色的小樓房，位於勝利路第三人民醫院旁邊。我家也分到一個單元。在青年街住時我和妹妹各養了一隻貓，一黃一黑，黑的還是一隻獅子貓。搬到樓房後，那裏不讓養貓，無奈之下我們只好放棄了。為此，我們都難過了好幾天。

暑期，我們常和同學們約定去小蚌埠去玩，小蚌埠就是淮河北面，從蚌埠過了淮河就到了。那時沒有橋，只能坐船過去。一望無際的淮北大平原遍地都種「打瓜」，這種瓜不是平時大家吃的西瓜，個頭比西瓜小，但瓜籽很大，主要是生產瓜子。瓜肉也可吃，不如西瓜甜美。種瓜人非常慷慨，任路人採摘吃，只要你把瓜籽留下來即可。此種瓜也能解渴，對於我們小夥子來說，簡直是天賜良機，哪有不飽餐一頓之理。一路走，常看到像糞坑一樣的坑窖裏，漚著許多打瓜，據說種瓜人來不及收集瓜籽就讓它自然漚爛，再回收漂上來的瓜籽。一路上看到許多瓜果，什麼都想嘗試一下。在同學家，同學老媽媽為我們煎了烙餅，煮了綠豆粥，還有各種小菜，大家邊吃邊聊，十分開心。在外面玩渴了，我們就在土井裏打水上

來喝，喝過以後，只要生吃一兩片大蒜就不會鬧肚子，這是民間的土方，很有效。

　　1954年蚌埠淮河漲水，洪水氾濫，水位一天比一天高。全市緊急動員，各單位都派人上堤築壩，大批草袋運往河邊，天上下著大雨，人們在泥濘中挖土灌包抬到堤上。有一天，小河北堤壩出現險情，堤壩上被沖出一道缺口。堤上人群緊張萬分，就見上游來了一隻裝麵粉的船，防汛指揮當機立斷，命令該船緊急靠岸，硬將一船麵粉填在缺口上，再加上四面八方湧來增援的人群，用自己身體擋住缺口，贏得了時間，終於將缺口修復、保住了堤壩。天空下著雨，河水仍在繼續上漲。蚌埠的街道已遠遠低於淮河水位，形勢非常危急！為了保住蚌埠這個重要樞紐，防汛指揮部決定在臨淮關、長淮衛、門臺子等週邊郊區，開閘洩洪。郊區農民紛紛將家中飼養雞、鴨、豬送到城裏賣，街上都是做家禽生意的，價格十分便宜。

　　這幾天淮河水位已離壩頂只有一尺多，每晚都有人奮戰在壩頂上，壩上燈火通明。防汛人員輪流下水、手挽著手抵擋風浪護堤。每隔一段時間又換一班，誓與堤壩共存亡。場面十分感人、壯觀！我深深感受到安徽人民敢於戰天鬥地的堅強性格。經過幾十個殊死奮戰的日日夜夜，肆虐的洪水終於低下了頭。淮河大壩依然雄踞淮河兩岸，保護了兩岸生靈免遭劫難。汛期過後，一切恢復了正常。

　　在一天下午，我和同學們相約去西家溝游泳。西家溝本是一條不寬的小水溝，由於漲水，水位已漫到兩岸田地，當時水還未退完，田地水位只齊我們胸部。我們一個個興致勃勃地跳入水中，奮力向前游。誰知就在我得意之時，危險已悄悄逼近了我。當我游出

幾十米遠後，想站在水中稍事休息。不料，此時已站在了溝中央，只聽耳旁呼呼作響，身體直往下沉。水溫也變涼了。情急之中我奮力向上一縱，身體又浮上來了，當浮出水面的一剎那，耳朵轟的一響，終於能向岸邊游了。才游了一半，大約還有二十多米的路程，由於太用力、腿肚子抽筋了，只有一條腿還可掙扎，此時也顧不上求救了，拼命向岸邊划去。終於到岸了。上岸後，同學們幫我搓揉腿肚子，自己感到全身已無一點力氣。經過此次教訓，使我對本來就不過硬的三腳貓游泳技術失去了自信。從此，對水產生了恐懼感，原來糊塗膽大，現在變得見水就怕。這後來也影響到我對終生職業的選定。這也許就是天意吧。

進入初三年級，學習已十分緊張。老師幫助輔導，自己又給自己增加許多課外作業。代數的總複習題我幾乎反復做了數遍，諸如因式分解一類的題目不知做了多少遍。幾何題目也是不止一次地推敲。畢業終於來臨了，同學們懷著不同的志向對自己前途進行著選擇。有想繼續升學的，有想考中專的，也有想就此找工作就業的。當時國家正處在大規模建設時期，各方面人才都缺乏。記得在當時銀行就招收了一批人員派往新疆工作，地質、郵電、建築、水利、煤炭、交通等學校都競相招生。

由於父親是從事郵電工作的，我也有子承父業的想法，於是就打算到南京報考郵電學校。父親還為我打聽火車時間，並親手抄寫火車班次和時間。又寫了信讓我帶給王良駿局長，叫我就到他家去住。同學們互相打聽去向，在高中部的好友李傳德同學，此時已決定應招去新疆銀行工作，他贈送照片給我並勉勵我早日加入共青

團。班上打籃球的球友也各有去向，女同學張俊茹、年介福考入省體工隊從事專業籃球生涯。男同學陳正雲、張廣新繼續上高中，朱鴻才準備考建築學校，劉清懷上師範當體育教師，曹士英是鐵路子弟已決定去太原，他有一張白白的面龐，喜歡用牙膏洗臉。就在這期間我生活中闖進了一位兩次影響我人生選擇的重要人物。以致在後來的絕好的機遇中，失去了上大學的機會。

此話要從前面說起。在我剛轉入一中時，班上一位姓冷的胖乎乎的女生已注意到我。她經常會在我面前表現她可愛之處，見我就笑，有時在打鬧中不經意地跌到我身上。有時還會學我講話：「得了得了，沒意思。」她人很聰明，成績也好，尤其一筆字寫得特別流暢。有一天，學校舉行聯歡晚會，她和李華合演舞蹈「桂花開放幸福來」，確實跳得不錯，我和曹士英對唱「敖包相會」。平時我和冷也沒有過多的接觸。

冷同學有一個姑媽在南京，此時，她也想去南京報考學校，於是與我相約同行。同學們得知我們同去南京，便要為我們送行，在火車站上，他們還剎有介事地朗讀起了事先準備好的祝詞。「尊敬的鴻燾先生，尊敬的××女士：……」祝詞寫得文彩飛揚，表現出了不凡的文學功底。我們這一對涉世不深但卻渴望遠走高飛的年輕人，就在同學們的真誠祝福中登上了火車。在火車上我們並肩而坐，憧憬著未來，暢談著理想。閒得無聊時，還專門數電杆來計算車速。抵達南京後，我們分乘兩輛三輪各奔東西，並約定第二天見面的地點。

　　我在山西路口下了車，很順利地找到王局長家。適逢王伯伯在班上，家中由保姆接待了我，安排我住下。晚上王伯伯回來熱情地和我握手，噓寒問暖，又問了家父近況。看了家父的信後，對家父的關切之情更是溢於言表。我深深地體驗到父輩們之間的深厚情誼。第二天，我向王伯伯道別，如約去一旅館與冷同學見面。那天我去得較早，她剛起床不久。她坐在床沿上，我坐在椅子上，彼此相隔一張桌子的距離。由於孤身男女相處一室，難免有點拘束。這時一男服務員來了，他用狐疑的眼光在打量著我們，使我渾身不自在。沒多久，我陪她結了賬離開這鬼地方。

　　我們同乘一輛三輪先到她姑媽家，她姑媽是個很慈祥的人，見到我們非常客氣。先是忙著做吃的，後又忙著安排住處。她家有三個女兒：大女兒叫文恬、二女兒叫文湘、三女兒叫文戈，三人都十分隨和。聽說她姑父在南京解放前已去了臺灣，留下母女四人艱難度日。我們年輕人到一起很快就熟了，談到報考學校的事，他們說動力學校很好，有蘇聯專家教學，許多人都想報考。於是說動了我們的心，使我放棄了原來的初衷，第二天就去報名了。當我們去報到時，接待的老師說只招本省的，因我們是從安徽來的，就不想接收，經我們苦苦哀求，終於動了他們惻隱之心，勉強接受了。後來一瞭解，平均200人錄取1人，何況還有優先錄取的烈軍屬子女、高幹子女、本省考生等。儘管我們那次考試自我感覺不錯，但結果還是可以預料的。考完、回到她姑媽家，緊張的情緒很快消失了。我們談天說地，後又逛街。第二天一早，我們吃完早餐就乘車回安徽了。誰知這一別，就再也不能見到那位慈祥的長者了，一年後我

們已在安徽交通學校上學了，有一天冷同學告訴我她姑媽不幸去世了！我心頭一驚，怎麼會那麼快就走了呢？多麼好的一個人啊！

　　五十年代中專考試都是登報錄取的，南京是登在新華日報上。發榜的那天，我翻遍了報紙都沒找到我的名字，也沒找到她。頓時感到一陣失落和空虛，今後怎麼辦？還未涉入社會，已開始對自己的前途擔憂了。五五年那一屆失學很多，原因可能是招生名額少而生員多的原因吧。許多平時成績較好的學生也未被錄取，當時社會上對失學青年比較關心，派出所、居委會都幫助成立自學小組。我加入了南崗自學小組，學習地點就在南崗派出所，我們同班的女同學敖素蘭就在該所當了民警，所以給我們學習也帶來一些方便。

　　對於我們十六、七歲的年青人來說，都不願在家吃閒飯，想靠自己的勞動自食其力。於是，我們一邊制定自學計畫複習功課準備再考，一邊又想尋找工作掙錢養活自己。

　　第一次找了一份挖河沙的工作，是一個同學聯繫的。具體工作是要我們在河裏把沙撈上來、碼成堆，由建築單位收方再算賬付錢。第二天一早，我們五、六個同學扛著鍬西行了數裏路，在老虎山旁的一條小河裏開始撈沙，河水很淺但較急，我們用圓頭鍬剛挖出一鍬沙、還未出水面就被水沖走了。我們毫不氣餒，繼續堅持在水中挖了約兩個多小時，始終收效不大，岸上的沙堆還是那麼小。累了，我們就在岸邊休息一下，拿出從家中帶來的乾糧啃起來。有時又聊起小說來，我們當時最愛看的是蘇聯小說，有高爾基的三部曲：《童年》、《我的大學》、《人間》。還有奧斯特洛夫斯基的

《鋼鐵是怎樣練成的》。在我們心目中，馬可辛、保爾‧柯察金是英雄，是我們心中的偶像，比現在青年人崇拜歌星還要執著。

傍晚，夕陽把西邊天上的雲彩染成了紅色。我們扛著鍬，疲憊地走在田間小路上，田裏大多種的是紅薯。經過一段曲折的小路，我們終於到了預先選擇好的「家」，它實際是一個廢棄的驢棚，原是老百姓用高粱、玉米杆在地頭斜搭成三角形的棚屋，地上鋪的稻草已霉爛。我們簡單地打掃了一下，又換了些新稻草。那時民風很純樸，也沒人向我們收錢。我們躺在稻草上，稍事休息，便草草地吃著自己帶來的乾糧，實際上就是幾塊面餅，幾根大蔥，還有一壺水。

夜晚來臨，月亮已悄悄地爬到了天頂，它將銀色的清輝灑向大地，四周無比寂靜。我們幾個人睡在稻草上，仰面看到從玉米杆破洞中透進來的月光，潔白又清新，彷彿置身於宇宙之中，任憑地球轉動把我們帶向遙遠的天際。我們海闊天空地胡吹起來，越談越興奮，從眼前做工談到將來的理想。肚子餓了我們就跑到棚外在紅薯地裏挖紅薯，沒水洗就乾擦一下啃起來。吃完了又高興地唱起歌來：「卡馬河一座城緊靠著河邊，卡馬河一座城緊靠著河邊，腳也走不到，手也伸不到，卡馬河一座城緊靠著河邊……」、「貝加爾湖是我的母親，她溫暖著流浪漢的心，為爭取自由受苦難，我流浪在貝加爾湖……」歌聲使我們忘卻了一天的疲勞，把我們帶向遙遠的蘇聯，我們在朦朧中幻想著北方盟國蘇聯廣袤的土地，美麗的貝加爾湖，進入了夢鄉……

第二天繼續我們的工作，年青人體力恢復很快，用鍬挖沙也摸索出一些經驗，所以比第一天幹的活要多一些。連續幾天下來，我

們把賬一結,算算還是划不來。於是我們就商量另找其他工作,這樣就結束了這次做工。

第二個工點是蚌埠東邊的肉聯廠工地。我們五、六個人找到正在建設中的工地,一個領工把我們帶到土建工地,他問我們會不會打夯?我順口說:「會!」於是他叫我們先試打一下,我們一人拽一根繩子,我開始喊:「一、二、三……」話音未落,那人就說:「算了吧!你們是在練操啊!」。於是,又把我們領到石灰池邊,要我們兩人一組抬石灰膏,這活可不輕!一桶石灰膏足有一、二百斤,我們這個年齡如何受得了!臉都壓得變黃了,勉強幹了一天,又結賬不幹了。經過這兩次做工,錢沒掙到什麼,飯量卻大增了,母親只叫家裏出了個餓鬼,不讓我再去做工了,要我老老實實複習功課,準備再考。

一天,同學告訴我徵兵開始了,何不去試一試?我興致勃勃去報了名,一體檢,說我鼻准骨彎曲,不能當兵。沒幾天同學又告訴我梆子劇團招生,說我嗓子好,一考准行。父母都不贊成我當演員,此事就又吹了。

我失學在家心情很差,此時又來了更大的打擊。1955年一場肅反政治運動正在悄悄展開,父親因過去歷史問題又被重新集中審查。許多被審查對象都集中住在郵電局裏,我每天都為父親送洗換衣服。父親被抓去的那天,我們都在家。局裏肅反委員會忽然來了一群人,闖進門就直往房間跑,母親見勢不妙,慌忙中將枕頭塞進馬桶,因枕頭裏有多年積蓄下來的手飾細軟,但還是遲了,全被來人搜走了。人被帶走了,財產又被沒收了,此時母親痛苦萬分,我

們也都傻了。在這炎熱的夏天，全家都在受煎熬，院內還有幾家也同樣在度日如年。我經常約原楊局長的兒子楊新生一同，為彼此的父親送衣服。看到看管他們的看守兇神惡煞似的，我就還以白眼，畢竟是初生牛犢不怕虎。父親在裏面除了學習寫材料，沒什麼事可做，一切只能聽天由命。苦苦等到了深秋，因父親歷史問題早已交待，並未發現有新的問題。所以，父親終於獲釋了，對他過去的歷史作出「一般歷史問題，不予追究」的結論。沒收的財產折成紙幣歸還了部分，總算全家又團聚了。通過這次磨難，我好像長大了，我開始思考如何能立足社會了。

　　1956年春天，安徽交通學校來蚌埠招生，我們一中同班五名同學都同時被錄取。在選擇專業時，有公路、航道兩專業供我們挑選，我因被大水淹過、心有餘悸，就選擇了公路。三月來臨，母親為我準備了被褥行裝，父母千叮嚀萬囑咐，要我好好爭氣，學好本領將來當一名工程師。我牢記父母的殷切期望，立志成為工程師，隻身外出求學了。同去合肥上學的有冷同學、王俊梅、江文德、高乃彩。這些同學在若干年後都有了不凡的表現，擔負了重要工作。這是後話。

校園生活

1956年3月16日，我們來到省會合肥，學校位於屯溪路旁。當時校舍還在建設。最醒目的建築是雙曲拱大禮堂，其次是教學樓。校園內水泥路已鋪好，還有一個不算大的運動場，四周是用竹籬笆圈起來的圍牆。幾條水溝伸入到籬笆牆下，院內堆放著各種建築材料，建築工地旁邊還有一個值班崗哨，每天二十四小時都有人持槍站崗。

我們報到後，進行分班，冷×和王俊梅分在公路三班，我分在公路一班。學校生源大部來自宿縣、阜陽、蚌埠、蕪湖、安慶、徽州等地。

一天拂曉，天還未大亮，一聲「呼」的響聲驚醒了還在睡夢中的同學，大家眨巴著惺忪的雙眼，問是怎麼回事？誰也不知道。等到天色已亮才聽到外面人聲鼎沸，說是昨夜有人從水溝鑽進竹籬笆想偷材料，被門衛開槍打死了。那人是周圍農村的，不一會許多農民都來了，家裏老人也來了，坐在地上看著死去的兒子又是喊又是哭，甚是淒慘。合肥當地人哭起來腔調與當地盧劇唱腔十分相似，不知情況的人乍一聽還以為是在唱盧劇。

開課了，老師都是從交通廳和施工部門抽調來的，理論功底扎實，實踐經驗豐富。第一個代我們語文課的是區玉書老師，他中

等個子，瘦瘦的，頭腦靈活，說話風趣。有一天他上語文課，課文是如何正確使用祖國語言。他說現在有很多地方使用語言不規範，如「美帝」，人家不知道的還以為是「美麗的皇帝」，引得大家哄堂大笑。以後教我們語文課的是一位學究式的老師，姓劉，古文功底很深，桐城人。桐城在清朝時文風極盛，曾出過方苞、戴名世等許多文人，散文自成一派，號稱桐城派。劉老師教了我們許多古典文學作品，如：《原毀》、《獄中雜記》、《項脊軒志》、《琵琶行》、《雨霖霖》、《八聲甘州》等等。

我們「地質與土壤」課是李棠老師教。他很幽默，在講砂石材料時，常常講「砂質盧姆」、「粘土質盧姆」等一類新鮮名詞，有的同學聽不懂、也不感興趣，就睡著了。李老師發現後，就慢條斯理地叫旁邊同學推醒他，並說：「別受涼了！小心別把墨水瓶打翻。」那同學聽後很不好意思，其他同學都笑起來了。

教我們「公路工程」的是鄒光烈老師，他是一位從舊社會過來的老工程師，高高的個子，冬天披一件呢大衣站在講臺上很有一點氣派。他有時講起他過去搞測量時，常常是乘著轎子下來工地，先由測量工架好儀器，再由他下轎子看一眼望遠鏡，隨後就又上轎往前走了。就是這句話，在以後的反右鬥爭中，成了他騎在人民頭上作威作福的確鑿罪證。隨後他又因為歷史問題而被抓進牢中。

測量課是嚴子鈞老師，他為人十分謙虛謹慎，對同學十分親切，當時他已是四級工程師了，級別很高、技術也好。可惜後來因家庭變故心理打擊太大，而經常分神，上課時將香煙誤當粉筆在黑板上寫字。

胡肇滋老師教我們材料力學，他對業務特別專研，一般木橋排架都是四根椿，他要研究使用三根椿，想為國家節省一根椿。後來聽說調到東北工學院去當教授了。

我們剛進校，學校對大家不甚瞭解，同學之間也互不瞭解。班幹一開始往往是由老師指定的。當時班長是常俊萍（後為安徽省路橋公司經理），團支部書記王炳禮（後為蕪湖公路總站站長），還有劉和慶是學生會體育部長，一筆漂亮的鋼筆字令人羨慕。生活班委王福年後成為安徽省九三學社的副主委。有的雖不是班幹，但以後都成就了一番事業。如：陳洪書後來成為南京軍區後勤部修建處的一名副師級技術骨幹，李道輔是北京市公路局局長、公路專家。

記得我班指定的體育班委是一個從農村來的同學，上體育課時首先要整隊，他不知怎麼喊，就高聲喊道：「大家站好！」老師笑了，知道他不懂口令。過了幾天，同學們改選體育班委，選到我。上體育課時，我向大家喊道：「立正！向右看齊！向前看！稍息！」老師看後較為滿意，以後我就連續當了四屆體育班委。我還是學校籃、排、足球校隊隊員，因當時學生中體育成績都一般，尤其農村同學對球類接觸更少。週末，我們經常參加一些球賽，先是與我校對門的衛生學校比賽，後又與水電學校、電影學校，再後來與省交通廳比賽。成績互有輸贏。

在第二學期，我校舉行了首屆運動會。我班四員猛將連奪四百米、八百米接力賽第一名，這四名中有常俊萍、貢家芝、楊德其和我。班上女同學還向我們獻了花。另外，在女子組曹華詠的100

米、200米短跑都是全校第一名,被同學們戲稱為「大洋馬」。運動會結束時,我班得的獎品最多。

　　文藝方面我班更是人材濟濟,安慶來的同學大都會唱黃梅戲,江兆華、吳桂林、胡碧霞、張傳海、胡光慶等都唱得很好。胡光慶還是二胡高手,他不僅會拉二胡,還會拉鋸琴,隨便找一把板鋸,他都能拉出優美動聽的音樂來,技藝十分嫻熟。朗誦要數慈滄淇,他不僅嗓門大、音色渾厚,而且善於表演。男中音兼小提琴手張忠俠,不僅會樂器、懂樂理,還能演唱。他是我班文藝活動的組織者。我也是一個聲樂愛好者,平時喜愛與他們在一起唱歌。班上曾自編自排「黃河大合唱」,慈滄淇雄渾的嗓音,朗誦得韻味十足;張忠俠的男中音雄渾有力,一曲「黃河頌」,感染了在座的所有師生;楊朝蘭的女高音把演出推向了新的高潮。大合唱演出成功鼓舞了全班同學,公路一班名聲大震。在校時,張忠俠與我接觸較多,我們有共同愛好。他每天一早起來就跑到僻靜的地方練小提琴,每週還要去劇團求教,中音演唱也很到位。為了音樂這個愛好,使他在今後的歲月中,歷經磨難,演繹出許多感人的傳奇故事。這是後話,暫且按下不表。

　　學校作文比賽也較多,好的範文經常會張貼在宣傳欄裏,供大家欣賞閱讀。1957年暑期,由於看了巴金的「愛情三部曲」和「激流三部曲」,回到學校後,我將暑期生活寫了一篇遊記,在描情寫景時學習了他的手法,文筆優美,所以就格外動人。被老師選中張貼在宣傳欄裏。從此,我在學校「文壇」上開始小有名氣。

　　1957年暑假還發生一件事，由於我家已從蚌埠搬回老家鎮江，我也就在這年暑期回鎮江。家中要我路過南京時，找一下解放前的一位親戚，因為我家有些傢俱寄存在他家，想讓他變賣或折算一點錢給我們。我費盡力氣好容易找到他家，一說來意他們很不高興，推三阻四說了很多難聽的話，勉強擠出幾快錢給我，算是應付了事。回到家後，將經過向母親一講，母親也只好長歎一聲，無可奈何地接受現實。只說了一句：「什麼親戚！還不如朋友呢！」

　　在學校航道班還有一位才華橫溢的青年，名叫駱筱潤，是我鎮江老鄉，他成績一直保持優秀，是一位很有作為的青年。我們每次放寒暑假都相約同行。

　　有一天，我們還產生一次誤會。事情還得從頭說起，我父親於1956年底已調動到炳輝縣（今安徽天長縣）郵局工作，全家又搬回到鎮江老家。

　　那是1957年的暑假，我回到了闊別五年的故鄉鎮江。回到家休息了一天，第二天抱著試探的心情去千秋橋街探訪久違的好友趙同學。記得那是在晚飯後，天色已暗，我找到她家時，她們一家人正在天井納涼。當她見到我時，先是一愣，隨後睜大細長的眼睛，眼裏流露出興奮的光芒，驚喜萬分。於是拉著我的手，不停地說：「沒想到你會回來，我還以為你仍在北京呢！」她的家人也開始忙碌起來，又是拿扇子、又是倒茶，她母親還特意對我仔細端詳了一番。趙簡單地問了我這些年的行蹤後，也談了她的近況，她已考進南京郵電學校，學習電信專業。那種久別重逢的欣喜之情溢於言表。他家人知道我們有許多話要說，就主動要我們去外邊散散步。

於是，她回到屋裏換上一件合身的連衣裙，豐滿的身體透出青春的活力。我們並肩出門了。我們沿著去江邊的路，邊走邊敍，恨不得把五年來的話一口氣說完。到了江濱公園，我們坐在公園草地上，我們把幾年來的經歷和思念之情一一傾訴。公園裏許多成雙成對的戀人在夜色的籠罩下，或相依相偎、或牽手漫步、或憑欄遠眺。江風徐徐、漁火點點、遠處北固山黑色身影鑲嵌在深蘭色夜幕裏，多麼寧靜而美好的夜晚啊！人生的美好在這裏得到充分體現。

在暑假的日日夜夜，我們幾乎形影不離。記得那時我患了瘧疾，一到下午就發燒，時冷時熱。有兩天她未見到我，特地到我家來探望。本來我還在發冷，但一見她來就不冷了，強撐著坐起來和她聊天。自那以後病就不治而愈。家裏人開我玩笑，說我害的不是瘧疾，是相思病。

有一次，我把駱筱潤介紹與她相識了，我們在一起閒聊，約定第二天去勝利電影院看電影，次日下午，我去趙家約她同行，結果她先走了。我慌忙趕到電影院，見她正與駱談得高興，我心裏頓生醋意，臉露慍色。勉強看完電影，回去時，駱看出我的情緒，就主動先走了。我們默默地走在回家的路上。第二天，趙讓她妹妹來叫我，說有話跟我說，我就跟她一起去了她家。兩人相見，就沒有第一次見面那樣愉快了，沉默了片刻以後她終於先開口說話，解釋了那天早去的原因，反覆表示心裏只有我。最後拿出她的日記本給我看，裏面記錄的全是思念我的話語，少女的心跡已表露無遺。於是我們又和好如初。

　　快樂的時光總覺得短暫，不知不覺又到開學時間了。我因要配近視眼鏡就和她相約同去南京，她陪我到新街口吳良材眼鏡店配眼鏡。我們還開玩笑說：「明明是良材，為什麼要叫『無良材』」？當天我就離開南京奔赴合肥了。

　　回校後我們幾乎一周都要通兩封信，彼此關係基本確定。有一次，她來信講，她班上一位調幹生向她求愛，她推辭多次仍擺脫不了，最後她就告訴他，已有朋友了。這朋友就是我。從此，我以為我們關係不會變呢！誰知1958年她要畢業分配了，我勸她到合肥來，但她婉拒了。她被分到西安電信器材廠。此時雖有書信往來，但內容越來越簡單，情感越來越淡漠，我預感到情況不妙。果然有一天她向我坦白，她已與另一個人相愛了。她無法扔下他，又捨不得拋棄我，於是要與我兄妹相稱，永遠做我的妹妹。我無法忍受這殘酷的現實，但又無可奈何。往事不堪回首，還是回到當年在校的生活吧。

　　回校後，學校貫徹上級指示，號召開展勤工儉學活動。我們利用所學的知識，承包了合肥鋼鐵廠的地形測量，又接受了阜陽北路的施工。大家認真地對照圖紙研究如何施工。雖然住在農村，但接觸到自己的專業，全身心地投入，也不覺得苦。當時伙食相當好，天天有肉吃，因為我們為學校創造財富了，改善一下伙食也是正常的。由於我有過失學打工的經歷，這點苦不在話下。處處都表現得十分積極，在老師、同學之間印象很好。年底，全省省直機關中等專業學校評比先進積極分子時，我和其他一些同學都被評上了。當獎狀發下來時，全校沸騰了，同學們伸出真誠的手向我們表示祝賀。

　　我們還種了菜地，那時提倡深耕細作。我們正年青，再苦也不覺苦，同學們幹勁十足。真的挖地三尺，又施了肥，種了菜。

　　1957年秋季，全國範圍內的反右運動開始了。先是幫黨整風，讓幹部洗澡下樓，大鳴大放。要大家「知無不言，言無不盡，言者無罪，聞者足戒」、「百花齊放，百家爭鳴」。動員大家寫大字報。後來，形勢急轉直下，號召全國人民行動起來，打退資產階級的倡狂進攻。我們學生也被動員起來向老師提意見，寫大字報。接著，開始揪出右派進行批鬥。到了後期就開始抓人進監獄。學校有幾位老師就在那場運動中被清出教師隊伍，有的被壓制了二十多年，美好的青春早已過去，空懷壯志悲對皓首。

　　1957年的春節我是到炳輝縣過的，一家人歡聚在皖東的一個小縣城裏。父親當時心情很好，高興時還唱京劇給我們聽。有時給弟弟妹妹講《三國演義》裏的故事。吃過晚飯，父親問我成績如何？我把成績單給他看，看後他認為只是中上等，有一門課程僅及格，問我能不能再上進一些，我說：「保證下學期全部五分（當時實行五分制）」。

　　為了不辜負父親的希望，我回校後開始奮發圖強，抓緊一切時間學習，認真對待每一次考試。在1958年暑期，我的成績遙遙領先於其他同學，全部滿堂紅，全部五分！當時全校只有駱筱潤與我並列。自此再也不能掉隊了，直到畢業始終保持成績優秀。父親得知我的成績後非常開心，一再鼓勵我要繼續努力。自1958年暑期後，我改當學習班委，直到畢業。

　　1958年大躍進開始，到處都在放「衛星」，浮誇風也日盛一日。「奇蹟」天天都在創造，什麼畝產萬斤啦，什麼大姑娘可以睡在稻穗上，形容稻田裏的莊稼長得茂盛。與此同時，全民大煉鋼鐵，要超英趕美，民間所有能煉鋼的鐵器都交出來。學校做了許多反射爐，據說是煉鋼的，每天用板車跑到農學院後面拉砂石材料回校砌爐灶，大批煤炭、廢鐵拉來煉鋼。學生們不上課，整天圍在爐旁煉鋼鐵。學校食堂也日夜敞開供應，隨到隨吃，彷彿快到共產主義社會了，各取所需。我連續三天三夜沒睡，在第三天晚上我實在堅持不住，背靠在爐子上睡著了。忽然感到背後發燙，朦朧中我下意識地抓起身邊一把草墊在身後，不一會「轟」的一聲草著了，我猛然驚醒，但棉襖已燒著了，同學們幫我滅火，叫我脫下衣服，此時棉襖背後已燒了一個大洞。

　　下半年，學校安排我們實習，實習地點定在當塗縣姑溪河大橋工地。我們被安排住在河堤上的工棚裏，大家住一起也挺開心。白天到工地虛心向老工程技術人員請教，向工人學習、瞭解施工全過程，收穫很大。有時也和當地單位聯繫打球，我們和當塗鋼鐵廠打了一場，得勝而回。還有一次，負責施工的第一工程隊要與我們聯合舉辦一次文藝晚會，他們的廣播員小劉與我配合演夫妻識字，逗得大家捧腹大笑。該隊有一位技術員姓路，是一個很帥的小夥子，專業知識也很扎實。我們在一起閒聊，才知道他是留蘇的學生，在蘇聯莫斯科公路學院學習時，被一位蘇聯姑娘看上了，他們相愛了。女方父母也十分喜愛這位中國小夥子。但在當時，留學生的紀律是不允許的，中國駐蘇大使劉曉親自找他談話，勸他專注學業，

放棄戀愛。但他最終無法擺脫感情的誘惑，只好中途輟學回國。後分在省第一工程隊當技術員，他和那位蘇聯姑娘還書來信往若干年，直至中蘇交惡才中斷往來。

那時，國內許多中等專科學校紛紛戴帽、改制為大學。我校在那時也不例外，校內分大學部和中專部，大學部由於受讀書無用論極左思潮影響，再加上當時師資力量缺乏，生員極端匱乏。按我的表現和成績，升學沒問題。就在這當口，我幼稚、不成熟的弱點致使我放棄了升學。直到1960年，我工作以後才考上同濟大學函授部，才圓了我的大學夢。但由於當時生活困難，出差開會干擾較多，佈置的作業沒時間堅持做，故只學了兩年就放棄了。

在中專部學習的最後日子裏，我很快調整了情緒，面對現實。在當時學歷高低並不重要，知識份子是「臭老九」，是要接受工農兵再教育的，而且每次運動都要受批判的。所以，也不會像今天把學歷與前途劃等號，看得比生命更重要。

1958年下半年，糧食開始緊張，學校內吃飯發生恐慌，同學們到吃飯時都像打衝鋒一樣，一聽開飯鈴響就直往食堂衝。我們得出經驗，首先撿靠近飯桶的桌子坐，我當時用的碗是同學們中最大的一個，第一碗盛飯要淺一點，因為這樣可以趕在別人盛第二碗之前先盛第二碗，第二碗要實實在在地裝滿，這樣我就可安心地吃飽了，別人盛第二碗時已沒飯了。學校供應稀飯很稀，同學們一進食堂就唱起「紅湖水，浪打浪」。記得在我畢業時，葉在淵同學還特地向我要去那只大碗。

1958年底，又一場肅反運動開始了。當時叫做「回頭看」，意即把以前的肅反問題再複查一遍，是在一種極左思潮主宰下的複查。父親在這次複查中，在毫無新問題的情況下，又被扣上「歷史反革命」的帽子。除了開除公職，又被「機關管制」三年。他被趕到郵電局的副業隊放鴨子，住在塘埂上的鴨棚裏。當時家人都不在身邊，政治壓力和身心折磨，使他很快衰老下來。有一天傍晚，他趕鴨子上岸，鴨子不上來，他就去水裏趕，一不小心滑到深處，他又不會水，眼看就要沒頂了，幸遇路人發現一草帽漂在水上，知有人溺水了，於是用竹竿挑起他草帽，將他相救才免遭沒頂之災。隨後，局工會主席聞訊跑來，看到父親奄奄一息，不但不同情，還惡言惡語說他裝死，揚長而去！1959年底，五十六歲的父親身體狀況已急劇惡化，眼看不久於人世。該局怕擔責任，於是把他轉回老家鎮江繼續交街道管制。父親被押解回家時已不成人形，母親一見嚇了一跳！原先魁梧壯實的他哪裏去了？眼前見到的人早已脫形變成一個皮包骨頭的人。父親在家雖被地方管制，但畢竟有母親和兒女陪伴，身體經醫治已開始好轉。

此時，我在校已近畢業，班上本打算發展我入團，可就在這當口，學校接到地方外調材料，知我家庭變故，需繼續考驗。幸好我一貫表現良好，沒有責難我。班上知我生活困難，還為我申請到每月五元的助學金。至今我還銘記住母校和同學們的恩情。

1959年7月，我畢業了。班上僅我一人被分配到安徽省銅陵市交通局。其他同學至少兩人分一處。馬鞍山是兩人，蕪湖是六人。老師鼓勵我說：「因為你一直擔任班幹，工作能力較強，能夠獨立

工作，我們才把你一人分在一處。」我也不願多想，因為我深知自己已沒有優勢，只能忍耐，一切服從命運。拿到分配單後，我就急著回家探望父親。在家期間，陪父親聊天，分散他一些煩惱和憂憤。他曾試圖複習英語，因他原先英語水平就很好，能夠直接用英文打字。他說準備將來有機會到英國使館工作，當時我也不理解他有什麼辦法，只感到他是一個自強不息的人。

一天晚上，他想聽我唱歌，我先唱了一個當時流行的「十字街頭」插曲，「春天裏來百花香，朗裏格朗裏格朗裏格朗……。」他聽了很高興，說我唱得不錯！後又讓我再唱一個，我就唱了「夜半歌聲」，誰知當我唱到動情處，「姑娘啊！我願做墳墓裏的人，埋掉世上的浮名，我願意學那刑余的史臣，盡寫出人間的不平……」父親已泣不成聲，他只擺手讓我不要唱下去了。我才恍然大悟，歌聲觸痛了他的心。我的心裏也十分難受。

那時妹妹還小，為了調養父親身體，她也曾跑到郊外找同學為父親買鯽魚，做湯孝敬父親。就這樣陪著父親度過暑假，報到的日期終於到了，我忍痛離開了慈祥的父親，勇敢地奔向未來。

饑餓年代

　　1959年8月10日，我從鎮江帶著行李乘火車到達安徽蕪湖（當時火車不通銅陵），王炳禮等同學已先我到達工作崗位，他們在蕪湖接待了我。第二天就在他們公路段附近的汽車站上車，當時的車就是解放牌汽車車廂上加了一個鐵架和蓬布，兩邊車廂擋板加高，並各設一排木條凳，中間就是站人的。汽車沿著崎嶇不平的砂石路、一路顛簸，黃塵滾滾，沿途灰塵從車廂後面被吸進車蓬裏，人們頭上早已由黑變黃，眉毛鬍鬚也變成黃白色。

　　經過三個多小時的煎熬，銅陵市終於到了。大家下了車忙著拍打頭上、身上的灰塵。記得汽車站就在長江路十字路口以北不遠的坡道上，現今的義安北路路口。車站就兩個人，一個老頭叫陳秋生，是站長、徽州人。另一個裝卸工是駝背，沉默得像啞巴、其實他也真的裝過啞巴。我把行李拿下來以後，四面一望，這哪像個省轄市啊？一條鐵路橫在市中心，長江路是在原鐵路的基礎上改建而成的，當時正在施工。抬頭一望，銅官山就在眼前，山上也看不出有什麼森林，只見到人工開挖的大坑或缺口。低矮的平房稀疏地散落在山坳裏，偶爾也有一兩棟樓房孤零零地聳立著。低矮的平房後面都拖一個披屋，可能是房屋不夠住另接的。我也顧不了這些，急急忙忙打聽交通局在哪裏，有人告訴我

在楊家山市委大樓，並給我指了個大概方向，於是我就直奔楊家山而去。

爬到楊家山山頂，那裏真有一座大樓，四周場地還較平整，並種有樹木。沿著水泥路我找到市委大樓一樓的交通局，實際就是幾間房子作辦公室。記得衛生局、勞動局等部門好像也在一樓。交通局人事科的幹事江上雲接待了我，她看完我的介紹信後就讓我在辦公室等待。後來殷鳳祥副局長來了，五十多歲，黑黑的，飽經風霜的臉上已有了皺紋，一看就知道是參加革命的老幹部。他告訴我明天跟他一同去銅大路牯牛嶺工地看看，當時銅陵至大通的公路正進行大中修。今天就在辦公室住一夜，好的是那時被褥行李都隨身帶著呢。晚上把行李鋪在辦公桌上就當床。早上起床再把被褥捲起來。

辦公室其他同事都是搞行政的，絕大部分是工農幹部，文化最高不會超過高中。我是該局第一個由省中等專科學校分來的技術員，所以同事間也沒多少話可說。第二天隨殷局長去了工地，在車上殷局長向我介紹了工地情況，並要我注意安全，牯牛嶺降坡是由勞改犯在施工，軍人站崗看管，因有開山爆破，殷局長告訴我不要進爆破現場，以防萬一。當時我十分感激領導對我的關心。到了工地指揮所，殷局長把我介紹給大家：「這是省裏派來的顧技術員！……」我當時還真有受寵若驚之感。心想我才二十歲，剛工作就要擔當這麼重大的責任，行嗎？事已至此，硬著頭皮也要撐下去！不懂就看書嘛，不怕！接著指揮所的人一一與我相見，從此我就要與他們打交道了。當天晚上我們沒有回局裏，殷局長讓我與他睡一張床，對我像對自己孩子一樣關心，使我十分感動。

不久，中秋節到了，局裏成家的人都回家了。單身漢只有三、四個人，我剛到不久人地生疏，於是就一個人瞎逛。找了好久才找到一條很窄的小街，問人才知道這就是銅陵市唯一的一條街。在街上還要憑糧票才能買到兩塊月餅，就這樣算過了一個月圓的中秋。

過了兩天，我就要到工地去長住了。搞施工的有兩三個人，平時也就是在工地拉拉尺子，量量方，沒太多的技術難題。那時口糧已很緊張，每月二十五斤半，不到月底就吃光了，年青人又特別能吃。無奈，只好喝稀的，或在農村想法買點蘿蔔充饑。其實農村那時糧食也非常緊張，自己還不夠呢！有時碰運氣買到空心的蘿蔔已算不錯了，就用白水煮了、放點鹽來充饑。

局裏還有位方月東副局長，部隊團級幹部轉業，人高馬大，冬天總是穿著一件黃呢子軍大衣，威風凜凜。他對下級十分關心，對上級敢說真話，敢說敢當，不怕得罪人。在一次市委學習班上，他提出質疑：「年年都講豐收，糧食都到哪去了？被山上猴子背走了嗎？」結果挨批鬥，不止一次地作檢查。

到了1959年底，形勢更加嚴峻，機關幹部浮腫現象也出現了，國家配給了一些黃豆粉給機關幹部，級別高的還額外補點糧食。另又鼓勵幹部開荒種小麥，我們也開了荒種了小麥。澆水施肥忙碌了一陣，小麥出芽了，綠油油的，可好景不長，由於我們不會管理，又經常出差忘了澆水施肥，結果一天不如一天，漸漸地變成一把枯草。剩下的麥種我也不想種了，一天晚上肚子餓的實在受不了，就偷偷地把它煮熟吃了，誰知第二天解手時又完整地拉了出來，一點不吸收。

我們交通局還有一個副業隊，專門派了幾個工人在種田。那年冬天，天很冷，副業隊的牛凍死了。他們就把牛扒了皮，肉分掉。皮送到食堂再賣給大家吃，我記得食堂裏把牛皮煮爛切成片，再用它來炒年糕。食堂裏來買飯的人，裏三層外三層擠得水洩不通。我當時也買了一份，饑餓的人吃什麼都是好吃的。在饑餓難耐之時，夜不能寐，做夢都想到吃。有一次，我無意中發現我辦公室有十幾張未蓋章的空白飯票，加起來也就一、二斤吧，我靈機一動，與其餓著不如冒一次險，先把肚子弄飽再說。我想到小說中曾有過用肥皂刻章的故事，於是，我也仿照飯票上的章刻了一個，蓋在飯票上還真像，於是那幾天我吃了幾頓飽飯，度過了斷糧的日子。

還有一次，省裏在合肥江淮飯店召開「六級幹部」會議，我局也去了一些人，同去還有駕駛員。我正好出差去省裏，在肥期間同事告訴我，那裏吃飯不要錢和糧票，但必須是與會議有關的人。經與同事商量，決定冒充一下，就說是「搞」車子的，「搞」的意思很含糊，既可以認為是開車的，也可說成是來買汽車的。那時搞採購很時興，終於蒙過了門衛。開飯時，由於代表來自各地，彼此都不認識，所以儘管放心飽餐，不會有人盤問。

當時，車站、碼頭對旅行在外的人還有點照顧，憑車船票可以在車站、碼頭飯店買半斤飯吃。在當時不收糧票簡直是天大的恩惠。我因開會出差較多，為了保命，有些可出可不出的差我也找機會出。出差就可以借錢，有錢就可以解決肚子餓的問題。至於欠債問題也就顧不了了。

　　當我第一個月拿到實習工資30元零5角時，心情十分激動，馬上給家寄了10元，好讓父母高興——兒子終於能自食其力了。

　　1959年春節快到了，儘管人們掙扎在饑餓線上，但回家團聚的習俗不能改，我請了探親假準備返回了。那天在橫港碼頭徘徊，因船票緊張我無法上船，這時正好遇上和我在一個樓裏上班的衛生局的孫國瑛，她問我到哪裏去，我說回鎮江，她一聽是老鄉，就格外親切。她和正在上衛校的弟弟一道，隨衛校師生一起上船，因平時在一層樓辦公已相識，她就一把拉住我的手，硬把我拖上了船。拖到檢票處，檢票人問：「他是誰？」孫國瑛答：「是我們衛校的。」一邊說一邊不停地往前走。就這樣讓我混上了船。

　　船上人特別多，都是回家過年的，她也帶了一些「年貨」。我們在一起聊天，才知她以前在武漢上學時曾學過餐務，在「江新」輪上實習過，對船上生活比較熟悉。長江上航行的客輪她知道哪個好、哪個快，「快『江新』，飛『江華』，『江安』、『江平』一把拿。」我們倚欄遠眺，江濤滾滾，江鷗尾隨船後找尋食物，有的在天空展翅翱翔。船的甲板和兩邊過道上很擁擠，挑擔的、背行李的，人聲嘈雜。艙內空氣混濁，我們就跑到艙外，在船弦上找一個僻靜的角落，閒聊起來。她問我愛不愛唱歌？我說我很喜歡，於是我就唱了一首歌，歌名大概是「遠航歸來」，歌詞大意：「祖國的河山遙遙在望，祖國的戰艦像飛一樣，啦……，秀麗的山河，綿延萬里，一點兒也不懂得遊子的心腸，遊子的心腸。祖國，我們遠航歸來了！祖國，我們的親娘！」她拍手稱好！這首歌也反映了我歸家的迫切心情。

　　隨後又談家常，她說一看見我，就想到她堂兄孫國梁，長得和我太像了。而且她堂兄與我大哥同在一個農場工作。隨後又聊到家庭，當她得知我家庭情況後，情緒也隨之低落下來，並發出一聲感歎。真可謂「同是天涯淪落人，相逢何必曾相識」，她父親命運也不佳……。下船前，她送給我兩包鳳凰牌香煙，讓我帶給父親。第二天下午，船到鎮江了。我們下船急急忙忙往家趕，因家人也在翹首盼望我的歸來。

　　回到家，父親尚未回來。原來是派出所每週都要對他們訓話，每訓一次都是對他們精神上的一次折磨。天黑了，父親步履蹣跚地進了家門，臉上籠罩著一層陰雲，見到我後，陰雲才漸漸散去。他問了我在外的工作情況，知我在外尚好也就放心了。我把香煙拿給他時，他看了看說：「煙真不錯，可惜我早已不抽煙了。」我們簡單地在一起用了晚餐，母親還為他煎了藥，飯後讓他喝。由於經濟拮据，無錢治病，他身體一直在走下坡路，經常咳嗽。他和我們聊了幾句就氣喘吁吁。他在床上閉目養神，我們和母親就談談家常。全家在悲與喜的交融中度過了一個寒冷的冬夜。

　　第二天，我和弟弟、妹妹外出排隊，買憑證供應的糧食和副食品，數量雖少但在當時也是得之不易的。菜場十分蕭條，幾乎沒有什麼可供應。

　　我家馬路對面有一個麵館，有一天，一個人買了一碗麵往回走，才到巷口，突然闖出一個人，對著他碗裏就吐口水，在他發愣時，麵條已被他用手抓起吃了，饑餓之狀可見一斑。

　　1960年春節來臨了，又很快過去。我又回到了銅陵，人們在一起議論最多的還是吃。隨著形勢的發展，人員非正常死亡已相當嚴重。江北普濟圩農場有一大片野藕塘，天天有人去挖藕，饑餓的人就邊挖邊生吃，有家的人還要帶點回家給家人充饑。經常聽到有人無力爬出藕塘而死在坑裏，我們公路站就有一名工人死在那藕塘裏，那人手很巧，還會幫人刻字，我們聽到他死的消息心裏很不是滋味，為他可惜。

　　由於勞力缺乏，勞動局從江西接回一批外流人員，安排在我們交通局。局裏研究成立築路隊。這些人全是因饑餓而跑到江西尋找生路的，他們衣衫襤褸、缺衣少鞋，於是機關發動大家捐獻，我們都捐了一些衣物。隨後在店門口搭棚、租房讓他們住下來。公安局給予入戶口，勞動局也幫助解決了糧票，生活基本安定了。記得他們早餐吃稀飯都是用小臉盆裝，一餐就要吃下一臉盆。

　　那時我也創造過歷史紀錄。有一天我與公路站趙經德站長去白鶴道班檢查，班裏種了不少紅薯，我們那次兩人共吃了五斤紅薯外加一斤米飯。不經歷那個時代的人是難以想像的。

　　還有一次，我在獅子山道班蹲點勞動，那時提倡「三同」即「同吃、同住、同勞動」。一個下午，忽然看到一隻「野豬」橫穿公路而逃，道班裏的人講，可能是家豬逃出去變成野豬了。於是大家拿著修路工具就追上去了，豬一見有人追就拼命逃，我們就一直往前追，追了好幾裏路，豬也跑不動了，人也跑不動了。在一座小山前，大家掙扎著硬把「野豬」打死了。拖回道班後，大家把它分了，一人分到好幾斤肉，也算美食了一頓。

　　1960年上海同濟大學招收函授生，我局推薦我報名，結果錄取
了。局裏為我交了學費、書本費等，以後每月都有大批學習材料寄
來。我除了工作外，就是做作業，習題特別多，有時還要到上海集
中輔導。這樣堅持到1962年實在應對不了那麼多習題，且工作、生
活都擠得我無時間再進行學習，所以，最終還是忍痛放棄。

　　1960年全國公路大檢查快到安徽了，我代表銅陵市參加這次檢
查。首先各地代表趕到蕭縣集中，由省交通廳、公路局帶隊迎接從
徐州過來的檢查團。然後再一站一站往下通知，中餐在哪吃，晚餐
在哪吃。每天平均要跑三、四百公里。當時各縣都很重視中央下來
的檢查團，縣長、縣委書記都到轄區邊界等候，迎到縣裏也都安排
在各縣最好的招待所開會、匯報、就餐。三年自然災害時期，生活
雖苦，但各縣都盡最大努力，拿出最好的食物招待檢查團。

　　檢查結束後，省公路設計院借調了全省技術力量，集中在合
肥設計石拱橋標準圖。我因此到省設計院工作，當時在一起工作的
有同學王炳禮、王錫誠，還有合肥公路站的羅穆文，他不是我們同
學，比我大五、六歲。後來相處才知他是臺灣的空軍飛行員，在一
次奉命來大陸騷擾時，被我軍飛機打了下來。他描述那次被打的過
程時，仍心有餘悸。他說在駕機飛越中國上空時，只看到玻璃上有
一個小黑點，他當時還以為是玻璃沒擦乾淨呢！誰知黑點突然變
大，接著他下意識地按動彈射座椅的按扭，把自己彈射出去。在他
逃離飛機的一瞬間，就聽「轟」的一聲，他知道中彈了。當他落地
後，四周民兵已布下天羅地網，他只好束手就擒。經我軍嚴格審
查、按優待俘虜政策，把他送到他姐姐所在地合肥，以後安排他在

公路站工作。他人很聰明，原來對公路這行當不熟悉，但沒多久，他已能掌握公路的基本技能，具備了技術員水平，因此他才得以與我們一起搞標準圖設計。直到圖紙完成才返回原單位。

1960年底，我到合肥開會，我站的格斯—51汽車也到合肥有事。會議期間，一個週六晚上，司機和我約好一起去舒城送貨，順便玩玩。誰知麻紡廠的姓王的採購員與司機又拉上關係，說也想去，並要讓他新婚愛人坐駕駛室，於是我就放棄了。他們拉著車床，兩邊又站了四、五個人，行至舒城西城河橋時沖入河中，當場把另一個採購員小王壓死，為此我與辛寶豐科長在舒城處理事故數天才算結束。當時我暗暗在想，如果我跟車去也許我就要遭殃。這冥冥之中似乎有一個神靈在主宰著每個人的命運。

1960年11月的一天，忽然接到家中電報，得知父親已於11月7日去世，我急忙請假回家。一到家就見父親睡在床上，已用被單蓋住了。我跪在他床前，撫著他的遺體失聲痛哭，母親也痛心地跟著我哭。哭定，母親講述他臨終時的情景，他大口大口地吐血，一邊吐一邊對母親講：「你不要怕……」隨後一口氣沒上來，就這樣痛苦地走了。據母親講他患的是肺膿瘍，如有錢去醫院治療，不至於這麼快就走了。最後，母親也是自我安慰地說：「對他來說，走了也好，免得再受罪了！」我也理解母親的意思，只是失去親人的悲痛還是無法抑制的。弟弟、妹妹尚小，四周也沒有一個親戚、朋友，一切全靠自己了。

第二天下午，我陪母親去大西路選了一口薄板棺材，運回家將父親入殮。隨後又請一位風水先生陪我們去駙馬莊祖墳地看風水，

據風水先生講，棺材不宜立即深葬，要在地表浮傳兩年（浮傳就是用磚將棺材包砌起來）以後才可入土。母親問是對誰不利？風水先生講是對她不利。母親考慮，自己已老，只要不是對兒女不利就不怕，於是決定一次性深埋。我們找墳主幫忙辦理埋葬之事，約定第二天一早送葬。回來後又落實送葬的工人談好價錢。第二天，天未大亮，工人已到。於是我和母親將棺材送至解放橋，棺木停下後，母親拜了幾拜就先回家，由我一直送到墓地，從始至終我再也沒哭出來，當地有農村婦女在議論：「這家人要是有個女兒，肯定哭得死去活來，你看兒子連哭都不哭！」她們哪知我內心的痛苦。

辦完喪事後，整理父親遺物。看到他抽屜裏的東西放得整整齊齊，對每個子女的希望都早已寫得清清楚楚，彷彿他是要出遠門。根本看不出要離世的樣子。我由衷地欽佩父親辦事細心周到，井井有條。

文革前後

　　1961年我擔任銅陵市公路站技術員，兼路政員。除負責公路修建的技術工作以外，還要上路查車、處理違章和交通事故。因此，全市駕駛員我都熟悉。

　　同年，又從礦業局調來一位老工程師唐良知，此人知識面很廣，尤其對歷史興趣更濃。他經常勸我們年青人要多學一點社會知識，當書呆子是不行的。他還說搞工程很危險，就像婦女生孩子，說不定哪胎就遇上「難產」。

　　他平時說話很幽默，有次他談起年輕時曾遇到的一段往事，十分有趣。有一天，他在長沙去會一位朋友，穿了一雙新皮鞋，當離開朋友家時、正逢大雨，小巷裏水已淹沒了路，他怕新鞋弄髒，就只脫了一隻腳的鞋，用單腳蹦出巷口。正當他快蹦到巷口時，迎面走來了一位打傘的姑娘，他抬頭一看被她的美麗驚呆了，穿鞋的腳不由自主地落了下來。她見他新鞋落在水裏，不由得嫣然一笑。等她走後，他抬頭看天，竟不知當時是上午還是下午！引得我們年輕人哈哈大笑。

　　局車管科有位科長辛寶豐，自編別名「辛苦」，東北人，大高個，為人豪爽仗義，人緣很好，有一手嫻熟的駕駛技術。他常常與我談一些做人的訣竅，對我幫助很大。有一次，我想買一雙解放

鞋，當時市場沒賣。我們局計財科有一批，但要經任雨辰科長批。任科長有一個特點，喜歡別人在人多的地方喊他科長（這是辛透露給我的）。終於有一天機會來了，在我辦公室的馬路對面是銀行，任科長正在排隊取錢，人很多，於是我扯開嗓子喊：「任科長，我向你匯報一個事情。」他把頭一扭說：「誰喊我？什麼事？」別人目光都盯上他了，他非常得意。我說我想買雙鞋，麻煩你批一下。他說：「可以，你寫個條子。」我隨手將準備好的條子遞給他，他當眾大筆一揮：「同意」。我連連稱謝，拿著批條走回辦公室。辛寶豐正在馬路對面隔窗注視著我，看我成功了，他發出會心的微笑。

1962年2月下旬，我看到省公路局下達赴藏人員名單，許多地市的同學都被派往西藏。出於好奇，我打電話向省公路局詢問，去西藏有什麼規定，去那裏幹什麼工作？銅陵是否有人去？沒過兩天，省公路局就電話通知我去西藏，並且只有兩天準備。我一時著了急，因我並沒有去的打算，家中老母還須我照顧，我妹妹當時也在銅陵，她堅決反對我去。再說，別人都提前半個月通知，準備較充分。而我卻是立時通知立時出發。當時我感到情況不那麼簡單。

此時，多虧馬煥章站長出面，親自帶我去合肥，向省公路局人事科交涉，他說：一、本站未提出要他去西藏，二、省局作決定，應徵求基層組織意見。硬是將我保回來了。後瞭解，起因在於我寫給辛寶豐科長的信。極左時代，「文字獄」盛行，通信自由是一句空話。由於辛寶豐要調走，他臨行前告知我不能帶姜××走，此人留給馬煥章，意思是將來有好戲看。原因是，姜是難以駕馭的人。

隨後，由於姜與我的矛盾不斷加深，我寫信給辛告知他，他臨行前留下的「定時炸彈」不但炸到了「敵人」，同時也炸到了自己。誰知，信竟然落到省公路局人事科康科長的手中，她將此信當成了大案要進行處理。後來未作任何調查就採取突然襲擊的辦法將我調去西藏，以此來達到懲罰之目的。幸好我未去，否則我的命運將從此改變。

1963年夏，消防隊的駕駛員徐大根到我辦公室辦駕駛業務，得知我姓顧，他說他愛人也姓顧，找機會互相認識一下。當時他就住在我所在的監理所隔壁。一天，我到他住處認識了他愛人，他愛人姓顧名燦秀，為人熱情好客。1964年他們也搬到人民新村，在我住處附近，彼此稍有往來。他愛人為人好熱鬧，有一天，她主動提出要給我介紹對象，說是她的同鄉、同學，在長江路門診部當醫生。沒幾天，她興致勃勃地對我說：「今晚到我家來，她現在在學化驗，暫時住在這裏。」晚上，我如期赴約。一到她家，就見一位上穿白襯衫、下穿花裙子的姑娘正坐在她家竹床上。她一見我來，馬上把露在外面的腳藏到裙子裏。經簡短的介紹後，她們主動讓開。我們開始沉默了一下，我偷偷端詳了她滿臉稚氣的面孔，清秀長圓的臉型、兩條又粗又黑的大辮子掛在胸前。細彎的眉毛、大大的眼睛、微微突出的顴骨、一個充滿曲線的鼻子和豐滿而勻稱的身段，透出一股青春的朝氣。還是我打破了僵局，有一句沒一句地聊了起來。得知她叫馮巧媛，是長江路門診部派駐掃把溝門診部的醫生。掃把溝位於江邊冶煉廠附近，距市里有七、八公里遠。我也簡單介紹了我的工作，並約定第二天再到我住處看看。

　　第二天，為了迎接她的到來，我特地把房間打掃了一下，紙箱子用白報紙糊起來，因沒衣箱，就用紙箱代替衣箱。桌上有一盞從家裏帶來的舊臺燈，它的底座是厚玻璃的，燈罩是類似膠片做的。那天晚上她按時到達，我們開始愉快地漫談，內容無所不包，我也盡最大努力表現自己，不知不覺已談到深夜三點多，這才依依不捨地送她到住處。當時是夏天，在外乘涼睡覺的人很多。第二天，她對我說，說我不會料理家務，只有那一盞臺燈還不錯。

　　以後幾天，她經常幫我洗衣服，我的生活開始豐富起來。我也開始注意自己的儀表。後來，她又回到掃把溝門診部，那是一個規模不大的診所，醫生護士加起來也不過四人左右。主要服務對象是掃把溝一帶居民。我因工作便利，經常查車查到掃把溝，順便看看她。第一次下去，應她要求讓我幫她借本書，我辦公室隔壁就是圖書館，所以就胡亂借了一本《莎士比亞戲劇集》帶給她。其實我連看都未看過，只是找個藉口與她見面。當時她病號還很多，也有「醉翁之意不在酒」的年輕人，他們經常找藉口到診所來與這些年輕的醫生、護士聊天。當我出現後，有些人就知趣地「退避三舍」了。而她顯得特別興奮，在處理完病號後，就抓緊時間與我說這說那，並要留我吃飯。記得她慌慌忙忙把米淘好就放在爐子上了，等聞到有焦糊的味道時才發現忘記放水了！

　　她每次到市裏來都要煮點紅燒魚帶給我，用飯盒裝好。這樣幸福地生活了一段時間，有一天她聽別人勸說，不要與我往來。原因是說我父親是被鎮壓的，是惡霸地主……，她當時聽了很痛苦，就寫信給我要與我斷絕往來。我接到這信後如五雷擊頂，痛苦萬分。

天哪！我家一寸土地也沒有，怎麼會變成地主呢？更何來惡霸地主呢？明明生病去世，又怎麼會變成被鎮壓的呢？這分明有人惡意造謠！我立即回信，進行詳細解釋，後又找「媒人」幫助勸解，終算化解了一場危機。當時確有一種極左思潮，寧「左」勿右，對政治特別敏感。但馮巧媛在那個年代，雖早已是共青團員，而有她獨特的見解。她曾對我說：「我是貧下中農出身，我不計較別人出身。家庭出身不能選擇，主要看本人如何，難道地主家庭出身的人就不結婚了？」又曾說過：「我不需要人對我發誓，我不相信發誓，只要看他行動，實實在在的做什麼。」她確實也是這麼做的。那天晚飯是在她那裏吃的，飯後，我們一起散步到江邊。我們漫步在江堤上，經過溝通我們彼此心情都輕鬆了不少。忽然發現江堤上爬出一隻螃蟹來，我輕輕地把它抓住，我們玩了一會又給它放了。經過風波後，我們感情更好了，情意更濃了。一天我到她門診部，她看我手錶髒了，要我脫下來，她用棉花細心地給我擦洗，我注視著她那靈巧的雙手，透明、圓潤、纖巧。真是大自然的造化，怎能產生這樣美麗的手！我看得出神了……。

那時交通不便，她每次上來與我相會，回去都很晚，還要乘小火車。小火車的老站臺在銅礦附近，每次送她去站臺時，我印象最深刻的是她那左右擺動著的長辮和豐滿勻稱的背影；最愛聽的是她那皮鞋的踢踏聲。我們日復一日地往返在這條小路上。

一天，我的弟弟要到銅陵來做工，她很熱情地接待了他，並給了他五塊錢作見面禮。當年她一月工資僅三十元，寄回家十元養老母，剩下二十元除去吃飯、日常開銷所剩無幾。她們門診部有個

優良傳統，自己生活非常簡樸，所有女同事談戀愛，從不依賴男方經濟，這給人一種肅然起敬的感覺。平時生活十分艱苦，她曾說過一塊蘿蔔頭可就一餐飯，一兩醬油做湯也可吃一餐飯，在食堂就餐時，經常是買五分錢的菜就糊過一餐。

物質生活雖艱苦，但精神生活卻很充實。她酷愛讀書，中外名著一一飽覽，從中汲取大量的養料，使自己知識不斷豐富起來，眼界也開闊了，氣質也有了變化。

我與她初次接觸時，她整天嘻嘻哈哈、無憂無慮、好像不大動腦筋。我很為她耽心，怕她易被壞人矇騙！因此，我就格外小心，處處要比她多動腦筋。隨著相處日久，我感到她身上有一種正氣，令人敬佩。就是她待人誠懇，從不用小人之心揣測他人。從不做昧良心的事。因此，她始終是光明磊落，胸懷坦蕩。別人也很少欺侮她。

在我生活得到知己、感到幸福的同時，工作上的煩惱卻接連不斷。車輛監理所是一個有權的部門，內部鬥爭也相當激烈。把持部門大權的是一名司機出身的人，他姓姜，作風霸道，經常以極左面目出現無端欺負人。我本身是技術員，除了車輛監理業務外，還有公路專業，平時對他不卑不亢，使他感到很不舒服。於是他便懷恨在心，尋機報復。我處處謹言慎行，不讓他有可乘之機。當時政治運動年年翻新，時時都有一種危機感。在這樣複雜的背景下，我常向馮巧媛談起我的煩惱，她總是安慰我，不會有什麼事的。

儘管有如此處境，我們還是決定把命運聯在一起，同甘苦、共命運，共同面對未來的鬥爭。有了她的助陣，我信心更足，勇氣倍增。

　　1966年元旦，是我們神聖的結婚紀念日。為了這一天，我們用微薄的工資簡單地裝飾了一下單身房間，兩塊單身鋪板合而為一，包裝紙箱紮隔牆，自己動手用石灰水刷牆壁。並打算避開世俗的做法，舉行旅行結婚。

　　我單位有一位小通訊員，叫謝應祥。他年齡不大，但處事精明、為人忠誠。他住我隔壁，大家都是單身漢，平時常在一起，關係較好。後來他調到百貨公司當「經警」，他在練武訓練後，常把擒拿術帶回來與我切磋，有時拿我作示範。其實在較量中，由於他人小，常常被我抱起、摔倒，根本用不上擒拿的技巧。但他在射擊比賽中曾獲得優秀。有一次，為了演習給首長看，他在打槍時不慎將嘴巴碰破。

　　那年他也要到上海看望大媽，就相約同行。他還為我在百貨公司買了一個六元錢的處理相機，我們隨身帶上去南京遊覽了中山陵，用它記錄下了我們旅行結婚的珍貴瞬間。隨後又去湯山，看望她正在療養的姐姐。第二天我們一同到我老家鎮江。謝應祥在鎮江停留了一天就單獨去上海了。我們在鎮江親戚很少，除了照了一張結婚照外，就簡單地請了一桌酒就算完婚了。我們對親戚、鄰居就說在銅陵已結婚，這次是回來省親的。母親看到我們成家也很高興，弟弟、妹妹尚小，都在家。

　　在家住了兩天，我們又趕往無錫到她家去看看。記得在洛社下車，她侄女月明特地跑來接我們，她挑了東西就在前面走，我們尾隨其後，邊走邊看她家鄉的變化。到前洲鎮了，我們走在狹窄的青石板路上，兩邊是舊屋。人們有的忙著做農活，有的在門前閒聊。

她一路走，一路與熟人打招呼，熟人也用一種好奇的眼光在打量著我。到家時，好事的鄰居早把好消息通知了在外面的岳母，不一會就見一個小老太婆一陣風似地跑到我們面前，親熱地拉了我的手，讓我們坐。這就是我的岳母大人，個子瘦小，眼睛因倒睫毛常流眼淚，行動特快。沒說兩句話，她又跑出去了。一會，端來兩碗黃鱔面，黃鱔是用油炸過的，又脆又香。當時她哥哥在飯店裏工作。鄰居們來了，問長問短，十分熱鬧。第二天辦了酒席，左鄰右舍紛紛跑來祝賀。在前洲的日子裏，她的老同學也常隨左右，陪我們逛街、觀看她小時候讀書的地方。

蜜月很快過去了，我們又回到銅陵山城。在南京買了些糖果散發同事、朋友。生活恢復了正常。

1966年文化大革命已開始，紅衛兵串聯熱火朝天。在愛人懷孕生育前，大姐來信勸我回鎮江生產，並寄了錢表示心意。因母親在鎮江老家，可照顧她月子，故我就同意送她回鎮江了。記得她那時穿了一件黃軍服，到醫院辦理住院手續，人家還誤以為是紅衛兵來串聯的呢。1966年11月26日，我們的長子降生了，可惜我當時不在場。孩子給她帶來快樂和安慰，同時，也使她吃了不少苦頭。由於弟弟、妹妹不懂事，母親年老不會照顧人，使她月子沒有過好，這是我始料不及的。滿月前兩天，岳母從無錫趕到鎮江，剛滿月她們就冒著嚴寒匆匆忙忙帶著長子乘船回銅陵了。那天晚上船靠橫港大輪碼頭，我早已等候在那裏，在上公共汽車前我急切地想看一下兒子的容貌，她不讓我看。等上了汽車後，我才掀開包被看到長子那圓圓的小臉蛋，紅紅的面孔，小小的嘴巴，十分可愛。回到家，大家都忙碌起來，很熱鬧。

給孩子起名是父母的責任，我們費盡周折始終沒定下來，那天我們的好友汪天柱來我家玩，聽到要給孩子起名，他就說：「叫顧群好！」，理由是，當時在搞群眾運動，與姓聯起來有「照顧群眾」的意思。我們都表示贊成，於是就這樣定下來了。

1967年夏天，蘇州姨姐家的大兒子孫漢軍放暑假，來銅陵玩，既看看外婆，又可以看看表弟顧群。他從未到過山城，跟我一起看市容又搭車看銅陵縣。我隔壁鄰居有一姓花的司機，他在環衛部門工作，經常開車去山裏。有一次，他向我說要去黃山，願意帶漢軍去玩，有這機會我們也同意讓他隨車去。第二天一早，漢軍興致勃勃地隨他去了。在返回時，漢軍出於禮貌就讓別人坐在了駕駛室，他和其他幾個人站在車上。當時，駕駛員思想麻痺車速太快，在經過青陽木鎮的一個彎道時，不慎將車開翻。貨車前杠壓在了漢軍頸部，其他人還有腿摔傷的，一車人大小都帶了傷。經路過車輛報警幫忙，傷員被全部送到青陽醫院急救。由於漢軍被壓在頸部，動手術要輸氧，縣城小醫院未備有氧氣，只好先擱置觀察。我在辦公室接到車禍的報告後，心急如焚，立即調車去青陽，趕到醫院看到漢軍睡在床上急促的呼吸，我問能不能立即手術？他們說要有氧氣才行，我立即回車趕往機廠拿氧氣，等我拿了氧氣快到青陽時，遇到本單位的同事告訴我，人已不行了！我沮喪到極點。親戚好好地到我家來的，現在人沒了，怎麼交待？再說良心也不允許我麻木不仁。後來，姨姐、姨姐夫都來了，他們問清情況後並沒有責怪我們，但傷子之痛令他們中年夫妻悲痛欲絕。幸好無錫老鄉、同學都來幫忙，妥善地安排好後事，總算處理完這起事故。姨姐姨姐夫不久也回蘇州去了。

後來，由於派性鬥爭，本單位有人妄圖把這次事故的罪名套在我頭上，妄圖加害於我，但未能得逞。

1967年底，在顧群滿一周歲時，岳母先回無錫前洲租房子，我們工作也十分繁忙，打算把顧群送回無錫去寄養。同時，為貫徹毛主席「六·二六」指示，把醫療工作做到農村去，大批醫務人員分批下農村，巧媛也被排入名單。於是，我們年初就把顧群送回無錫前洲交岳母帶養。

剛離開一個月，我們思子心切，就又找機會去了趟無錫。在下午五時左右，我終於見到了朝思暮想的兒子，他胖呼呼的，拖著鼻涕，雙手向後張開在稻場上學開飛機的模樣在奔跑。岳母把他喊住，問他：「囡囡，你看哪個來了？」他睜大眼睛看著我，喊我：「舅舅！」看著他稚嫩的小臉蛋，我情不自禁地把他抱起來，心裏有一種莫名的酸楚。因為，我已意識到政治風暴已步步向我逼近，我的命運勢必影響到孩子，這樣溫馨的親情聚會能維持多久呢？在前洲期間，我盡最大努力多給孩子一點溫暖。讓岳母、顧群還有唐敏華（巧媛的同學又是好友）一起照了相，好讓我帶回銅陵給巧媛看。很快我又要踏上歸程，離別了孩子和岳母。

1967年，派性、武鬥已在全國各地頻頻發生，銅陵山城也不例外。我單位姓姜的糾集屁派（當時分兩派，一派掌權、一派不掌權，掌權的一派說好，就是好派；不掌權的一派說好個屁，就成屁派，故有好派屁派之分）一幫人，揚言先拿我開刀，好心人都暗示我要注意。支持我的好派，也正在準備自衛武器，建安公司車隊自製了一些土手榴彈，有人就送給了我兩顆。我單位會計嚴某與我一

派,他要我給他一顆以防萬一,我就送了他一顆。但此後很長時間也沒見動靜。隨著運動發展,鬥爭已白熱化,大小字報到處都是,車輛監理所姓姜的認為時機已到,先發制人,寫了我十多張大字報,一是發洩私憤,二可借此使自己變成「左派」撈取政治資本。我開始儘量忍讓,以靜制動,看他還有什麼「重磅炸彈」。等他「黔驢技窮」之時,我知道他就這麼大本領,除了造謠就是漫罵,群眾也看透他的惡毒用心和虛弱本質。我不能束手待斃,於是開始反擊。由於我平時防守意識較強,對他的言行也十分注意,所以毫不費力地就回敬了他兩張大字報,把他平時的「五反」言行都一一列出,這時形勢已發生逆轉,他的囂張氣焰被壓了下去。他的反動言行遭到批判。

　　工作組進駐後,由於受輿論影響,各種傾向都有。當時想抓我的輿論也日盛一日,但由於證據不足無法下手。此時,武鬥之風已逐漸平息,大聯合之勢正趨形成。我私藏的手榴彈已無作用,且我又不懂如何使用這武器,特別害怕它性能不穩定,萬一傷了自己更成問題。於是我決定偷偷扔掉。一天早上,我用提包裝上它準備騎車去江邊,剛出門碰上嚴某,他得知我要處理這事,求我幫他稍帶一起處理,於是他急忙回家取出手榴彈交給我。我騎車去了江邊,將兩顆手榴彈偷偷扔進了大江。

　　當7月3日、24日中央文革發出不准私藏武器,要統一上交武器的通知後,我心中感到一絲不安,經過思想鬥爭,還是決定向軍代表坦白交待,我主動交待總比查出要好,政策不是「坦白從寬,抗拒從嚴」嗎?況且還有嚴某可以作證呢!正是由於我的幼稚無知,

書生氣太足，將險惡的形勢看得太簡單了，結果是自投羅網，讓對
立面抓了一個正著。更倒楣的是，在群眾大會上，我承認私毀武器
而不是私藏武器時，有人問，誰可以為我作證？我說嚴某可以，誰
知嚴嚇破了膽，明睜著眼說瞎話，他昧著良心說自己不知道。我感
到空前的恐懼和無助，人心竟是如此的險惡！於是被群眾專政了，
當場五花大綁送到單位自設的牢房，「滾稻草」去了。並且抄了我
的家，僅抄出我家貼牆上的幾幅風景畫，事後對立面的打手就造謠
說我收藏了日本皇帝像，真是無恥之極！我和姜某都受到雙方派別
的群眾批判，但姜未被關起來。

　　1968年是我人生中運氣最壞的一年，真是「牆倒眾人推，禍來
如潮湧。」不幸的事接踵而來。

　　6月份，巧媛她隨醫療隊去農村巡迴醫療，先去東至後又調到
青陽等偏僻農村。她夜以繼日地工作，有時一天要行數十里地。有
一次，在青陽「十二里半」農村還被農家狗咬了一口，連防狂犬疫
苗也未打。幸好蒼天有眼，她身體未受到損害。

　　就在長子回無錫才生活了三、四個月時間，家中又發生了大
事。巧媛嫂子與岳母發生矛盾，並大打出手。為了平息這場風波，
巧媛立即請假和蘇州的姐姐一起趕到前洲，經過調解，最後決定把
岳母和顧群帶回銅陵。在她離銅陵去無錫前，我預感到形勢對我不
利，可能要被「群眾專政」，我向她透露了我的預測。她也作了
心理準備。在她帶著岳母和兒子回來時，我已被「專政」，她下
船後由我的同學張國榮、班先源、小楊等在碼頭迎接。下了公共
汽車，在站臺上有謝應祥等人在迎接。在那風雨如晦的年代，大

家能盡自己的力量，幫助患難之交也十分難能可貴。真是患難見真情！

在她帶著兒子和母親回來時，我已被關在了二十九車隊。她立即帶著長子顧群來看我，記得那天下午顧群穿著短褲，兩條胖胖的小腿露在外面，手牽著一隻玩具小黃狗，來到我床前，他告訴我那是「阿黃」，他已開始講一口的無錫話。臨走時他牽著我的手說：「家、家」，可我已無法滿足他最微小的願望了，當時，心如刀割，強忍著眼淚把他們送走。

每天早上我們要列隊訴說自己的「罪過」，行動自由已被限制。我們睡在一個大房間，被關押的有所謂「叛徒」、「反革命」、「壞分子」、「地主」、「漢奸」等。關在一起的有一個姓羅的，是大麻子。車隊小孩常編出童謠來尋開心：「清早走進城，看見一個人，滿臉的麻子，簡直不像人。小的像銅錢，大的像臉盆，坑坑窪窪，簡直不是人。」還有一個老頭叫許可，說他日偽時期搞過反動道會門，在蘇北除奸時大刀砍在他脖子上沒死掉。他一個內弟是和平軍的營長，他連夜逃到他家，養傷年把，才揀回一條命。他一天到晚就講他的罪過：「幹過反動道會門，當過園光記錄……」。關在一起的還有「自首變節」分子。

在公路站的批鬥會上，有人問我：你怎麼知道彭××是彭真的妹妹？我當時未作答覆，過了幾天在專政隊員的看押下，我們去澡堂洗澡，偶然碰見久違的汪天柱，他也被看押著去澡堂洗澡。我們悄悄地談了各自處境，談到造反派要我交待的問題時，他說：你就說是在公共汽車上聽到的。於是我有了主意，在下次批鬥會上有人

又提出這問題，我就把汪教我的話回答了他們，他們聽後，氣得直罵我太狡猾，但也無法再批鬥下去。沒多久，工作組想獲得更多的「罪證」就採用「欲擒故縱」的戰術，將我放了出來，經過數天的觀察，什麼罪證也沒有，於是又找藉口在我帶孩子去澡堂洗澡後第二天，通過專政隊員（一道班工人）檢舉說我還在「活動」，又把我抓回去。

後來我們被轉移到車輛監理所關押。我在「壞人」裏擔任組長，每天組織大家學習。看管我們的專政隊員有同派的，也有對立面的。有一女「看守」特別「左」，車隊有一修理工被關在裏面，她對他很嚴。有一次，姓陳的修理工想戲弄她一下，他故意用荷葉將糞便裏三層、外三層地包好，還用草繩栓好，送到女專政隊員桌上，說是家裏送來的東西讓她檢查。她一本正經地打開檢查，一層一層地打開，當聞到有些異味時，才發現裏面包的是糞便。她氣得臉都發青了，但也無可奈何。

我們關在裏面被剃了光頭，在巧媛送飯時我讓她帶一頂黃軍帽給我，有一次我們列隊穿過長江路，人正多時，專政隊員要我們全部脫帽，立時一個個光頭暴露在陽光下，明知道他在侮辱我們，但也沒辦法。

關在一起的修理工也有調皮的，他們採取合法的鬥爭手段與之抗爭。一次我們去掃把溝勞動，要經過一條鐵路。一列十多個人，走在前面的修理工故意放慢腳步，專政隊員感覺太慢了，就要他們走快點，於是他們又拼命向前跑，越跑越快，專政隊員連帽子都跑掉了。後來又要我們跑慢點，大家又慢吞吞地挨著步子。一路上就

是這樣快快慢慢地向前趕去。到了工地是幹養路的活，我一開始還認真挑泥漿，一桶泥漿壓得我喘不過氣，後來有個難友就提示我，你不能少裝一點嗎？我一想有道理，於是我也就出勤不出力了。

一次，我被批鬥，在會上對方造反派一成員帶頭喊口號，本想喊「打倒顧鴻燾」，一時喊成了「打倒姜某某」，我一聽心裏也很好笑，不喊白不喊！於是也跟著喊「打倒姜某某」。對方組織的人一聽不對，氣得直喊「顧鴻燾不老實！」；還有一次在開批鬥會時，我對提出的問題據理力爭、進行辯解，對方造反隊員無話可說，在姜某一夥人的唆使下，就舉起了「紅白棍」在我背上狠打了一棍，正是這一棍，使會場爆炸了。正直的群眾一起高喊：「要文鬥，不要武鬥！」會議開不下去了，草草收場。就在我挨打之際，我愛人已經鄰居通報趕到會場外，她幾次想衝進會場都被好心的鄰居勸止了。因會場就在我們宿舍下面，她只能在會場外焦急地等待，默默地流淚，忍受著心靈的煎熬。

在我被關期間，我們的生活已極度困難。每月不到70元的收入除去還債還要養活一家四口人，入不敷出已成常事。「左派」們為了對我施加更大壓力，決定破產還債，當時我已無產可破了。馮巧媛是個堅強的女性，一不討饒、二不乞憐，毅然決定當掉她結婚時唯一的一件呢上衣。我勸她當我的一件呢上衣，因我被關、前途未卜，如果蒙受冤枉、還不知何時能穿上！結果她還是當掉了自己的衣服。

我被「群眾專政」，關進了單位自設的「牢房」，她頂著政治壓力，毫無顧忌地每天抱著孩子給我送飯，寧可自己吃差些，也要

儘量做好的飯菜送給我。有一次給我送來幾個小蘋果，被專政隊員查到沒收，還說「關在這裏還想吃好的？」

每當我們在專政隊員的監視下相見時，總是「相見無語，唯有淚千行。」有時怕被人看見流淚，她總是把頭埋在長子的胸前偷偷啜泣。我的每頓飯也都是和著眼淚強咽下去的。

在她去農村巡迴醫療時，家中只有岳母和長子兩人。屋破偏遭連陰雨，我家雖是平房，但已失修多時，外面下雨屋裏漏雨，岳母抱著顧群蜷縮在床的一角，只聽到水滴滴打帳頂面盆的聲音，床上到處都是水跡。淒慘之狀令人心寒！幸好她單位很講人道，特地派人來幫助洗蚊帳。在顧群出麻疹時，又專門派人到家打針。

儘管環境惡劣，好人還是多數。同學們也伸出了援助之手，同學趙桂華公開找工作組為我辯護，她老母也常常走到關我們的地方偷偷看我，並送東西給我吃。張國榮在車隊工作，他托人在外地買了兩斤豬油送到我家，岳母眼神不好，又要帶孩子，在切豬油時因怕顧群跑出去，慌忙之中刀沒放好，刀滑落地上正好跺在大腳趾上，血流不止。幸好鄰居發現後找到單位，經多方努力才同意放我出來，在專政隊員的監督下，我用板車將她們送往醫院救治。那一幕讓我終身難忘：岳母坐在板車上，一手挽著顧群，一手抓住受傷的腳，血還在不斷地向外滲透。顧群依偎在外婆懷裏，睜著大大的眼睛，幼稚的目光掃視著周圍的一切，我默默地推著板車，後面是手持紅白棍的專政隊員跟著。路人露出驚訝表情，我當時也無心管這些了。到醫院縫合了數針，又用紗布包紮，總算止住了血。我再把他們送回家，在當時我是不能留在家的，幸好馮巧媛單位人緣

好，鄰居又幫忙，度過了最困難的時期，第二天巧媛又請假從農村回來，這才解了這個圍。

　　就在我被「專政」期間，公路站又發生了一件大事，同學趙桂華的二兒子在監理所門前的大下坡馬路上被建安公司的貨車撞死了。當時監理所已找不出幾個能處理此類事故的行家了，原因是公路站道班工人造反派掌權，他們文化低、口才也有限，同時肇事單位安全員十分會狡辯。事情經過是這樣：肇事地點是在「躍進門」附近一個下坡的公路上。那天，幾個小孩在馬路上追逐玩耍。此時，建安公司汽車從躍進門方向駛來，車速約40公里／小時（從剎車拖痕判斷得出），前面幾個小孩已過馬路，後面這個小孩被急馳而來的車箱角刮倒，頭部受傷而亡。分析會上該公司不承認車速快造成事故，而只承認在不快不慢的情況下撞倒小孩，這直接影響到肇事雙方的責任確定。會上為了定車速快慢一直僵持不下，如果車速快，車輛將負主要責任；否則受害方將負主要責任。在不得已的情況下，造反派要我出來處理此案。我介入後首先抓住車速快與慢的問題，在分析會上我首先提出判斷快與慢的標準問題，按交通規則規定：通過躍進門和市區車速不得超過15公里／小時。超過了就是快，沒超過就是符合交通規則要求。對方安全員無話可說，交警也表示同意，此案才算妥善解決。

　　1968年底，「九大」召開後，我被轉移到古松道班軟禁，白天跟班勞動，晚上睡在道班，只有周日可以回家。馮巧媛也轉到白鶴搞巡迴醫療，記得有一次她帶顧群到白鶴來玩，剛下車走到村口，就見一頭豬走出來，顧群上去就喊：「打倒咕嚕嚕！」這「咕嚕

嚕」是無錫話講「豬」的意思。當時打倒的人太多，到處都喊「打倒」，可見對小孩影響之深。

就在這年冬天，不幸再次降臨，蘇州姨姐因需要個男孩，冒著高齡產婦的危險，又產下一個男孩，但不幸的是在五天後，因感染而得產後風病故。巧媛為此又去蘇州料理後事，幫助帶養襁褓中的小姪子，整整一個月。至此，在她心中萌生一個念頭，她要改做婦產科醫生！因為她在巡迴醫療時看到農村婦女缺醫少藥的痛苦，又看到自己親姐姐也是因生產而故去。所以下決心從內科改婦產科。

在古松軟禁的生活是極端艱苦的，由於經濟困難，我們全家都靠醃制的一缸醃菜度日的，根本無錢買肉。我每次回家都要帶一口袋米下去，越是無錢肚子越大，米還是不夠吃。為了改善生活，我就抽空上山扳竹筍，有一次我穿的球鞋底已磨薄，不小心踩在了竹椿尖上，立時穿通了鞋底扎進我的腳掌，鮮血直流。我忍著劇痛拔出腳，回到住處用布包裹起來。第二天還要堅持上工。

還有一次，我用大頭針做成魚鉤，在山溪裏釣到一條魚。後來再也釣不到了，於是我就與道班姓汪的小孩一起，將水溝下游打一道壩，再在上游打一道壩。開始向外舀水，整整忙了一個下午，水快乾了但魚一條沒逮到。

1968年冬天，氣溫很低。有一天我上山還想扳竹筍，這次知道一點訣竅，走路時要順著山地踢著走，也就是順著地皮拖著走。這樣竹尖就不易紮進鞋底。在當我埋頭扳竹筍時，忽聽「卟卟」一聲，就在離我很近的地方掉下來一隻鵓鴣鳥，我順手就把它抓住了。我高興極了，這下可讓全家開一次葷了，當晚就帶回家讓全家享用了。

冬天大雪封山，那年雪特別厚。我和道班工人帶著鍬、鎬等工具到後山上閒逛，正巧遇見一隻小麂子伏在山坡上，四周都是雪，就它睡的地方沒有雪，我們將它四面一圍，當它發現我們時，發出像小牛一樣的叫聲。它想逃離時已來不及了，工人老葉一鍬打在它頭上，後又補了幾下，它就不動了。我們抗著它帶回道班，立即將它開腸剖肚，中午吃著鮮嫩的麂肉還喝了酒。剩餘的大家分了一點，我把肉帶回家，心裏真有說不出的高興。

愛人在白鶴巡迴醫療，有次她步行十餘里來到我住處，我住在道班房裏一間簡陋的房間，床上鋪著厚厚的稻草，外面雖然北風呼嘯，冰雪封門，而我們在一起的兩人世界卻有暖融融的「春天」，我們苦中作樂，憧憬未來，即使當今睡在席夢思的床上，也不會有我們那樣的甜美。

我在閒暇之時最常做的事，就是背毛主席詩詞，唱為毛主席詩詞譜寫的歌曲。其中感觸較深的有「答友人」七律，詩中有「斑竹一枝千滴淚，紅霞萬朵百重衣。」我聯想到自己，上山扳竹筍何嘗不是千滴淚？

還有一首歌是在難友那裏學的，我當時的心情與之產生了共鳴。歌名叫「牢記階級仇，緊握手中槍」，蒙族歌曲，旋律特別優美。

我在道班勞動期間，感受最深的是工人的淳樸。當時道班班長張國潔，一位淳樸善良的老實人，心裏有著一桿秤，知道是非善惡。他看到我艱難的生活，經常要我到他家吃飯，盡量把好吃的留給我吃。在那種環境、那種條件下，能慷慨給我滴水之恩，我當湧

泉相報。可在我後來時來運轉，當上交通局副局長兼公路處處長時，他卻悄悄地躲避了我，從不企求我的回報。

1969年春節，大雪紛飛，厚厚的白雪將公路都淹沒了，公共汽車無法通行。記得我買了一點粉絲，帶著它步行十多公里與家人團聚。與我同行的還有范永鴻，他比我經歷得多，對人生的態度也豁達，當時我們走到白鶴大上坡時，雪厚、風大，前行十分艱難，他忽然發表感慨說：「你看我們多富有，天公為我們鋪上了潔白的地毯……。」我頓時有了一種感悟，環境對任何人都一樣，但不同的人生態度，會帶來不同的人生感受。那年春節雖然很清寒，但畢竟一家人能平平安安地在一起過年了。

嚴冬過後，就是春天。曾記得電影《畫中人》中曾說過的一句話：「人要笑得美，必須流過傷心的血和淚」。隨著落實政策我又回到我的工作崗位。

1969年，愛人馮巧媛懷孕了。下半年家中修房子，由於造反派裏的投機分子掌權，從中作梗，許多活不得不自己動手才能完成。愛人為了這個家，就沒考慮自己已快臨產，還幫我抬東西，我當時也不會關心人。結果造成胎兒臍帶繞頸，在足月產下後卻已胎死腹中，一個男孩的生命就這樣被葬送了……

同年，蒲葉橋的樁基施工遇到了難題，當時技術人員都靠邊站了，造反派裏的個別人原以為自己能幹，結果束手無策。於是又把我抽到橋上去施工，在上級支持下，撤換了不合格的施工隊，重新組織新隊伍進場，終於完成了該橋的建設。

　　1970年，我被調到交通支隊（後改為交通局）生產組，任過助理技術員，搞過東風路的施工、掃把溝碼頭新建，交通局宿舍，車庫，監理所辦公樓等基建工程。同時也安排我當了數月的採購員。採購汽車配件，我隨著老師傅出外採購，學習他的經驗，同時我也利用同學關係勉強應付了工作。在擔任採購員期間，我總結了過去失敗經驗，決心搞好領導關係。我利用工作之便經常為領導在山裏帶一些木盆、木桶之類的土產，既解決了領導生活所需，又密切了與領導的關係。

　　有一次，我到上海去採購配件，帶著顧群一同出差。住在上海老火車站附近的勞動旅社。旅社的服務員，一見到顧群那胖胖的可愛的樣子，就特別喜歡。有一位姓嚴的女服務員，她不但多配給我們半塊肥皂，早上還主動過來幫顧群穿衣服。因此，在我出外辦事時，顧群始終跟著她。一天上午，我帶顧群去配件門市部採購，我正在寫單子，忽聽顧群一人高興地唱起了樣板戲楊子榮唱段，當唱到「革命的智慧能勝天」時，他還把小手伸直舉過頭頂。那個認真勁，引得櫃檯裏的人都停下工作來看他表演，大家都誇他唱得好！我們回到旅館後，第二天要走了，旅館的嚴阿姨還真捨不得顧群，第二天早上她特地把我們送到弄堂口，等我們坐車遠去，她才戀戀不捨地回去。

　　後來，我又去山裏為局基建拉木料，順便為局領導買點盆、桶之類的東西。領導對我有了好的看法，這在文革前我是不懂這套的，見了領導都躲著，他還誤認為我高傲，看不起工農幹部呢。吃一塹，長一智。通過文革我懂了。

　　一九七〇年有次為局宿舍樓去上海採購衛生設備。順便看望在上海的表姐。表姐夫告訴我，表哥黃金海現在不簡單了，他是上海革委會的常委，分管財貿口，官很大了，並熱情地要帶我去他家看看。拗不過表姐夫的熱心，我就隨他們一同去了。我們到了南京西路一幢大樓的七樓，進門正值黃金海在吃飯，寒暄幾句，我們就在屋裏看電視，等他吃好以後，簡短地敍了一下家常。我本來也無事求他，他倒問我能否買到木材，我說買少還可想辦法，他一開口要幾千立方，當時還是計畫供應，我根本無法解決，此事就作罷。出來後，表姐夫說他現在架子不小吧？我支吾著，心裏很不是味，親戚似乎不如朋友親，從此也就未再與這位新貴往來，直至四人幫倒臺他被捕入獄。我明白了一個真理——「老老實實做人，踏踏實實做事。」依靠後臺、仰人鼻息都是靠不住的。

　　隨著局基建任務增多，我開始忙我的本行。除了建碼頭，又是蓋房屋，還要修路、造橋。我最忙時，一人管了十幾個工地，每天騎著自行車，從山上到山下各個工點都跑，好在年青，身體尚健壯。從此，開始了我的恢復調整階段。

百廢待興

　　經過文革血與火的洗禮，我們更加珍惜得來不易的自由和安寧。家人平安團聚是幸福，能發揮自己長處，報效國家也是幸福。對於所謂的「鬥爭」早已厭倦。文革遺留問題尚未徹底清算，人們都在小心翼翼地工作。

　　1970年下半年，我基本上以發揮自己專業為主，抓橫港小河疏浚，掃把溝夾江疏浚及碼頭建設，還有局機關的宿舍等。生活安定、工作較充實。

　　由於失去第二個孩子，我們心中始終有一種牽掛。一次在與長子開玩笑時問他：「你想一個什麼樣的弟弟？」他脫口說：「我要一個凶的弟弟，他能幫我打架。」因為老大平時柔弱，常被小同伴欺負。

　　終於在第二年年初愛人就懷孕了。接受前次的教訓，對這孩子特別注意保護，終於在十月底，上天又賜給我們一個可愛的男孩，取名顧策，寓意有二：一是三國演義裏有個小霸王孫策，算得上是一員凶將；二是適逢落實政策之時。與老大的名字正好對應為「群策」。

　　1970年底，我出差去合肥，順便帶顧群去玩，住在長江飯店。第二天我要去省交通廳辦事，不宜帶孩子去，就讓他一人在旅店等候，因為顧群從小聽話，不會亂跑。

到省廳辦完事，在下樓時忽然碰到十多年未曾謀面的同學張忠俠。驚喜之餘，不免問問文革期間過得如何？相見不易，分別更難。我們就找了一個地方，暢敘了彼此的辛酸往事……

他在省建築公司團委工作，文革前一切都還順利。運動來後，因受他家庭地主出身的株連，他被調出團委，並成為公司批鬥對象。每次開他的批鬥會都很難開好，一是怕他戴主席像章，二是怕他唱歌。他的男中音在公司是有名的。有一次，公司開他的批鬥會，把他帶上臺。當他胸前佩戴主席像章上臺接受批鬥時，專政隊員要他摘下像章，他就不摘。一來一去、拉拉扯扯就把會攪渾了，會場次序大亂，批鬥會泡湯。連續幾次這樣的會都沒開下去。

有一天，張忠俠變換了方法。當他被帶到臺上批鬥時，他衣服上不戴像章了！大家十分驚訝。專政隊員猜想他老實了。正當宣佈大會開始時，突然，他把衣服一敞開，眼前出現驚人的一幕：只見他胸前一枚像章赫然別在肉上，大家睜大眼睛想看個究竟，果然是別在肉上！這下可急壞了專政隊員，他們一開始不敢貿然去摘，只在乾嚷：「把像章摘下來！」看他不動手，有個專政隊員是個愣頭青，上去一把就將像章從肉上拽了下來，頓時鮮血從胸前湧出，臺下大亂，人們開始指責他們。張忠俠激起滿腔怒火，激動地高唱起：「抬頭望見北斗星，心中想念毛主席……」歌聲感染著臺下，臺下烘托著臺上，群情激憤。那裏是開批鬥會？簡直成了他個人演唱會！會開不下去了。

沒多久，公司造反派又想了一個辦法，將他轉移到大蜀山軟禁，誰知到期那裏又出現新的問題。張忠俠一早要吊嗓子，專政隊

員不讓他唱，他就游到湖中的小島上去唱。專政隊員手持木棍隔水向他指著，不許他唱，但他毫不理會。無奈，專政隊員就下水游到對岸，正當他要上岸時，張忠俠又游回來了。如此反復使得專政隊員大傷腦筋。

話又談回來，他現在已平反沒事了，到廳裏主要是為業務的事。後來又談到在校時，他大學唯讀了一年，就因為酷愛音樂而放棄了。先是住在學校，白天到合肥四排樓，邊拉小提琴、邊賣中外歌曲油印本。晚上，同學們幫他刻鋼版、油印歌曲。後來感到生意不好（因那時是生活困難時期），就轉移到西安，他姐姐在西安。

最後他隻身去重慶，一開始找了一處人行道，在上面用粉筆寫上出售中外名曲，然後開始拉小提琴，將許多名曲拉給路人聽。人們都被琴聲打動了，紛紛駐足欣賞。當他拉完各種名曲後，準備賣歌曲油印本時，人們卻散了，那天只賣出去寥寥幾本。第二天，他總結經驗，一開始只拉了幾首好聽的名曲，於是就開始賣歌本，賣完後再拉幾首名曲，果然收益大增。如此數日，有一天下午天快黑了，他已收攤子準備回旅館。就在回「家」的路上，他隱隱約約感覺有人在跟著他，他走快，後面也跟得快；他走慢，後面也放慢。他十分奇怪，於是回頭一看，竟是一年青女孩。他就停下來問她：「你跟著我有事嗎？」那女孩也十分大方、坦率。她說：「你唱得太好了！我非常敬佩你，想與你交個朋友，可以嗎？」於是，張忠俠邀她到旅館，經交談才知她是做縫紉工作的，生來酷愛音樂，家住重慶。張也坦率地告訴她，他已有愛人了。他們彼此只能作為朋友往來，歡迎她來安徽到他家作客。以後，這位多情的姑娘，真的

自費專程到合肥來他家串門，張的太太也十分真誠地接待了這位姑娘，幾天後，張又親自送她回家，直送到徐州才分手。這也算得上一段佳話。

談得太久了，我們彼此留下聯繫電話就匆匆握別了。返回長江飯店，我正著急顧群現在不知如何呢，誰知他竟坐在飯店門口花臺上，已靜坐了兩、三個小時。原來他出房門上廁所時、門是虛掩的，忽然一陣風將門關上了，他又不會喊服務員開門，於是只好靜坐大門口等我。我感到一陣內疚，這孩子真聽話！

當年為顧群起名字的好友汪天柱，經過文革的衝擊後也解放了。他調到巢湖地區當上了地區專員朱農的祕書，由於年青肯幹，寫作能力強，後期又高升到省高級人民法院當上了庭長，這是後話。

1973年顧群已七歲了，我家附近有一所「人民小學」，巧媛為他報了名。他們班的班主任姓張，是一位非常和靄親切的女教師。在她班上，顧群是最老實的。下課後同學們都到操場上活動，而顧群一人還在課堂裏看書。一次，張老師要他出去蹦蹦，他果真聽老師話，真的在操場上蹦，惹得張老師笑個不停。

「六一」兒童節快到了，顧群愛畫畫，於是，就畫了一幅「打得好！」內容大概是指：我軍把美國鬼子軍艦打沉的故事。這幅畫被校裏選中，並在銅陵報上刊登。這下對顧群學繪畫是一個不小的鼓勵。以後又曾畫過雷鋒像，並被銅陵報刊登。由於他聰明好學，在家得到媽媽的啟蒙指導，在外得到老師和我們朋友的幫助，繪畫進步很快。1976年，他在十歲時隨我們的好朋友、全國著名的水彩畫家柳新生一起去黃山寫生，一共畫了三十餘幅山水寫生。

　　弟弟顧策小時候好動，人很聰明，在上人民幼稚園時，有一位吳老師很喜歡他，教他下圍棋。一次在幼稚園吃中飯，菜是紅燒肉，老師不知他愛吃肉，在打菜時蔬菜打多了，他吃完一碗又去打飯，眼睛就盯住那塊肉。一連幾次，老師一開始還以為他飯量大，後才發現他想吃肉，於是給他打了肉，他才不再添飯。顧策象棋下得也很好，他經常在家門口樓梯上拉小朋友們與他下棋，直到下贏了才心滿意足地回家。他回家時從來不用手開門，到家就用腳「當」地一聲把門踢開。家裏人一聽這聲音就知是他回來了。他小時認字時也鬧了不少笑話。家中小畫書很多，有一天，他看到朝鮮故事裏有一人名叫昌浩，他誤讀為「冒照」；還有一次，他把乾隆念成了「乾轟」，惹得大家笑個不停。在上課時，老師要同學們組詞，老師出了一個「花」字，他本來在下面想好了，於是舉手回答。但當他一站起來卻忘了，一著急組出了「花老婆」三字，把同學、老師笑得前仰後翻。

　　在愛人所在的門診部，大家都喜歡拿他開玩笑，一天，門診部有一對年青人在談戀愛，大人故意問他：「他們在幹什麼？」顧策跑去一看回來告訴他們，他們在談戀愛。大人問他：「什麼叫談戀愛？」他說：「就是兩個人坐在一起，你講我好，我講你好。」

　　還有一次，夏天，門診部的大人拿他開玩笑，在他不注意時把他褲子拉下來了，他氣得追那人，也要把他褲子扒下來，嚇得那人直跑，再也不敢惹他了。

　　在顧策的同學中有人喜歡寫連環畫，他自認為自己看了不少武打小說，自己也能寫小說，於是在家創作武打小說，後在學校被老

師發現了，並在班上讀了他的小說。承認他寫得不錯，也批評了他
不應該在學習時間寫。要他先學好課本，有了功底才能寫作，不要
好高鶩遠。

顧策小時模仿能力很強，孫悟空、豬八戒他都模仿得惟妙惟
肖。在他小時候由於好動，也吃了不少苦頭，尤其腳被燙傷吃了大
苦頭，外婆年事已高，帶他很不容易，一天給他倒水洗腳，在木盆
裏先倒了開水，在尚未放冷水時顧策腳已踩進盆裏，結果一隻腳燙
起燎漿大泡。幸好媽媽是醫生，救治及時，一個多月才好，沒留下
後遺症。

還有一次，他與隔壁農村的小孩跑到附近一個塘邊去玩，正是
冬天，他還穿著棉襖。不知什麼原因，他不小心滑下水塘，兩手緊
抓住塘邊的石頭，此時，周圍沒有一個大人，鄰居小孩見狀就用力
將他向上拖，終於命大，竟奇蹟般地爬上來了。此後，他渾身透濕
在風口吹了一個多小時，幸遇鄰居來報，我們趕去將他抱回來，換
了衣服在被裏焐了半天，竟然安然無恙。

當年我在工作上遇到了好的領導，局裏有鄭守一、任承喜、
田玉璞為首的黨委，還擁有一批很有發展前途的年青幹部，當年的
幹部陣容應該稱得上交通局的鼎盛時期。他們在工作上放手讓我們
去做，各方面工作都取得很好的成績。市海事局（前身是航管處）
掃把溝以前是一片灘地，裝卸作業十分困難，自從我局親自過問幫
助，很快解決了碼頭，又幫他們建起了吊車，使裝卸效率得到提
高，勞動強度降低。局裏宿舍也建成了一棟樓房、一棟平房。就在
此時，一股左的思潮又悄悄抬頭，市里派來了工作組。針對鄭、

任、田三人，發起攻擊。黨委主要領導鄭、任、田三人被隔離審查批判。時間是1975年。

1975年，安徽省在五河縣建了一座當時位居全國第十五位的T型鋼構淮河大橋，我局也組織去參觀學習。我在工地上見到了很多多年未見的同學，也學到了很多先進的建橋經驗。在同學中有很大一批是下放在金寨縣的，文革後期遇到了這千載難逢的好機會，得以施展才華。通過這座橋培養出了我省高級管理人才，也培養了一批交通骨幹。有的後來當上了副省長，有的當上了交通廳廳長，有的擔任了省公路局局長，高管局局長……。總之，一座橋成就了一批幹部，一座橋成就了一番事業，一座橋圓了一生的夢。我通過學習，在心中也為自己勾勒出了未來的理想……。

這次在五河見到了冷×同學，她的境遇也經歷了一番坎坷。她在未下放金寨前已成了家，愛人是一個醫生，生有一個男孩，一家還算幸福。可是後來兩人感情漸行漸遠，直至離婚，孩子判給男方。她的愛人曾出國支援也門，給也門一位領導的女兒治好了病，那位領導人非常感激，提出要把女兒嫁給他，當得知他已有家室後，又提出要幫他到美國深造，他婉言謝絕了，回國後被評為優秀共產黨員。後來，在下放金寨期間，她與另一同學相處日久建立了感情，於是重組了家庭。

我在當年被安排搞橫港至北埂汽車輪渡碼頭的設計、施工，以及江北公路的測設。

1976年1月8日，周總理逝世，噩耗震驚全世界。我們自發地戴上黑袖章，但沒兩天上面就有人發話——不讓戴黑袖章。政治空

氣十分沉悶，各種緬懷總理的歌曲、詩詞都發表了，在局裏一次會前唱歌時，我唱了緬懷周總理的歌曲，引起了很多人的共鳴。7月6日，朱德總司令逝世；9月9日，毛主席逝世。一年之中三位巨星殞落，中國的前途令人擔憂。就在這關鍵時刻，黨中央一舉粉碎了「四人幫」，取得了十月的偉大勝利。人們舉杯同慶，長久處於壓抑中的人們開始爆發出史無前例的激情，國家得救了！人民得救了！

我在年底接受了設計黃潣大橋的任務，1977年開始設計。在設計之初，我看了全市的橋大都是石拱橋，在技術上沒有新的創意，因此，我立志要設計一座能跟上時代的大橋。省公路設計院的楊朝嵐同學和陳乃博工程師大力支持，為我的設計提供了很多有益的資料，後又得到安慶邵林斌同學及第三工程隊技術人員的無私幫助，終於完成了黃潣大橋雙曲拱橋的設計。由於處在文革後期，省廳已找不到負責審核的技術人員，一切只好由自己反復驗算。1977年底，大橋由省第三工程隊負責施工。在施工期間，由於地震影響，白天我們在工地，晚上還要趕回家。因家中怕地震，都搬到山頭上住了。我在夜晚騎自行車，最快時只用了一個多小時就騎了三十多公里，幾乎是飛回家的。

白天我不能回家，所以，每天都是做饅頭留給孩子們吃，當時愛人也為了業務進修，到省會安徽醫學院學習深造。顧群當時只會炒雞蛋，個子不夠高，就用小板凳墊在腳下。顧策就在大灶下添加柴火，幫助燒飯。弟兄倆在那艱苦環境裏也很友愛，相處十分融洽。

大橋樁基打完後，我們請了省交通廳總工程師戴凱來工地檢查，他是我省德高望重的老前輩。他對我們的組合式橋臺地基砂樁處理很感興趣，就要我寫一篇文章發表，我按他的意思寫了，後刊登在《安徽公路科技通訊》上。

1978年大橋終於建成，為了隆重慶祝通車，我們特地準備了紀念品、大橋簡介（圖案設計還是請著名水彩畫家柳新生免費設計的）、大會會場、午宴等。12月20日舉行通車典禮，省廳領導、市裏領導、局裏領導、各有關部門領導及新聞記者們都參加了這次盛會，會上對大橋一致好評，從此，我的名聲開始與橋齊名。

在這次通車典禮上，我認識了新調入我局的黨委書記于建堂，初次見面，于對我印象尚好，這也為我今後發展奠定了基礎。

1979年元月二十日，市交通局黨組為我及其他同志在文革期間所遭受的迫害平了反，恢復了名譽。

那一年，我出席了局「先代會」和市「先代會」，獲交通部安全質量百日賽勳章一枚。隨後，職稱不斷晉升，從助技、技術員、助理工程師直到工程師。職務也從副科長、科長直至副局長。1983年還被選為市九屆人大代表。

在榮譽、地位面前，愛人馮巧媛始終以一顆平常心來對待，經常給我「潑冷水」，也使我獲益非淺。我們在事業上相互鼓勵、相互支援。自從進修以後，她業務上進步很快，很快已成為一名技術嫺熟的婦產科主治醫師。她不僅技術好，為人更好。她有一個寬容博大的胸懷，對待病人、對待朋友、對待家人都是一心為他人，從不顧及自己。特別是自己受到委屈時，她也寬宏大量，以德報怨。

我的朋友都為我有這樣一位賢內助而感到高興。每當遇到難題都願向她傾訴，與她商量。連孩子們都只知喊「馮阿姨」，不知喊「顧叔叔」。

最最感人的是我那外甥，在家不愛學習，父母無法管教，由於敬佩她的教子有方，不遠千里送他到我家來接受管教。外甥小名京生、學名侯文院，巧媛她親自送他上學，接他回家。晚上幫他複習功課，禮拜天帶他玩，生活上與自己孩子一樣對待，既嚴格要求又體貼關懷，使得他既怕她又喜歡她。外甥在我家生活了幾年，他對舅媽的感情已勝過了自己的母親，他知道舅媽為他好，對他是真誠的愛，有時寧願委屈自己的小兒子也要照顧好外甥。在他幼小的心靈裏，已深深埋下了一個偉大母親的形象。他在一篇作文中曾寫道：「我的舅媽像楊貴妃一樣的美麗……」他雖不懂用詞造句，但反映出他對舅媽的感情。後來，他從石家莊服兵役到了福建前線，當了一名戰士，在來信中一再懇求收下他這個兒子。

我的外甥女毛毛是一個苦命的孩子，剛來到這個世界上，就遭到親生父母的遺棄，顛沛流離、幾經轉折才算有了一個「家」。由於自幼缺少母愛，性格抑鬱寡歡，心情消沉。1987年春節來到我家，在她舅媽的關懷下，她體會到母愛的溫暖，心情開朗起來。在她回到石家莊後，在一篇作文中，將舅媽的美好形象凝聚筆端，寫出了熱情洋溢，感情深厚的懷念母親的文章。

1984年是我這個家庭經歷嚴峻考驗的一年，愛人馮巧媛不幸染病，經醫院診斷是口腔粘表癌，當我獲知這一消息後，如雷擊頂，幾乎要支撐不住了。其實她心裏也有數，為了減少親人的痛苦，她

還要裝著很樂觀的樣子。但晚上睡在床上，她卻在悄悄地流淚，我也強忍悲痛。就這樣晚上相互隱瞞、暗自流淚地熬過幾天，妻子還是要我告訴她病情，當我給她看了病歷後，她反而平靜下來安慰我們，面對現實她願到上海接受手術。

在她生病期間，許多熟悉的、不熟悉的、似熟非熟的人都來看望她，據統計約有一百多人前來看望並贈送了營養品，表示真誠的慰問和祝願。我是以淚洗面，一一表示感謝。我深切地體會到人間友情的溫暖，也感受到愛人平時為人善良、熱情，在這時得到了回報。

也許是蒼天有眼，善有善報，在上海經過手術治療後，她病情奇蹟般地好轉，恢復很快，尤其是長子顧群考入武漢大學新聞系的特大喜訊，無疑是一支強心劑，使她恢復更快。我們終於戰勝了病魔，渡過了難關。

風雨七十載
——顧鴻燾回憶錄

宦海雲煙

　　自全國科技大會以後，知識份子的地位不斷提高，大批知識份子進入領導崗位。我當時還在經委交通科工作，經委是由交通、輕工、商業等部門組成，行業繁多，人員來自四面八方。幸好擺脫了過去文革時期留下的恩恩怨怨，工作倒也輕鬆愉快。在經委工作期間，由於我是唯一從事交通專業的技術人員，在工作中積極熱情，吃苦耐勞，表現出了一定的組織能力和工作水平，因此得到組織上的重視。平時，因經委機關年青人較多，我也能與小夥子們打成一片。在經委舉行的打籃球、唱歌等活動中，我都能積極參與，給人們留下了較深的印象，群眾基礎較好。不久便被組織部門從副科提到了正科。在以後的經委民主選舉中，我曾一度被提名為經委副主任候選人之一。

　　1984年交通局脫離經委而獨立，我被任命為市交通局副局長，同年入了黨，又被選為市第九屆人大代表。1985年起又兼市公路管理處處長及書記。當時局的一把手姓郭，是原交通局的副書記，後曾調到電子公司任書記，現又調回交通局，我們彼此較為熟悉。郭來局後也想幹一番事業，我們班子正處在年富力強時期，大家都滿懷信心要把銅陵市的交通搞上去。特別是他從「廣空」轉業到地方，對航空事業情有獨鍾。因此，在制定的「七五」規劃中，他決

心要把銅陵變成立體交通：上有飛機、下有高等級公路、水上有現代化碼頭。兄弟部門和市裏對我們的規劃也寄予了厚望。於是，在落實規劃方面我就義不容辭地主動承擔了基建方面的工作。我首先想到了在南京空軍部隊的老同學陳洪書，他在修建機場方面積累了豐富的經驗。經組織同意，我親自去南京請他，並邀請了他單位的兩位同行，一起來銅陵幫助進行勘察機場場址。市裏領導親自過問並聽取匯報。最後，我局委託南空幫我們規劃和設計。其間，我曾受局委派親自到北京民航總局瞭解購機和開展航空業務的有關情況，該局人員向我介紹，當時全國僅有廣東一家私營企業經營航空業務，是私人購買的飛機，並經過民航總局特批。後又回到合肥向省民航局瞭解擬建機場的有關規定，根據省民航局告知，按合肥這樣的機場都「吃不飽」，且空域又有所限制，還要經過軍事部門認可，從航線距離來看也太短，周圍有蕪湖、安慶機場，銅陵設機場就缺少必要性。前後經過兩、三年的反復醞釀和努力，但最終未能實現。

　　陸上交通我們進行了大規模的公路拓寬改造，在市政府的大力支持下，發動全市廠礦企事業單位，政府機關，實行民工建勤，我在公路港口建設指揮部擔任副指揮兼辦公室主任。每天要調度全市的出勤車輛和人員，尤其是抗洪期間，我們日夜奮戰在江邊，幹勁十足，從不知疲勞。

　　就在那年夏天，由於立新降坡工程進行了七個月毫無進展，市人大領導向市長張潤霞質詢，（該工程原由我的副手負責），於是張親自見我，問我能否在一個月內把「立新」降坡拿下來，如果

拿不下來，市府將面臨更大壓力。為了給市府分憂，在這緊要關頭絕不能退縮，於是我說可以，但要依我三個條件：一、人員由我挑選；二、經費由我批用；三、設計方案由我修訂。三個條件全部答應。隨後，我在公路站和公路指揮部抽調精兵強將，組成突擊隊日夜奮戰。當時天公不作美，一月內下了近二十天的雨，我們只好見縫插針，只要雨一停就幹。在生活用水發生困難時，張市長親自安排消防隊，每天用消防車送兩車水到工地，為了維持交通，又指派公安局交警隊交警到工地，配合施工指揮交通。正當大家熱火朝天地大幹時，我的副手卻不甘心在家主持工作，而跑到工地來干擾，連外單位交警都看不慣。我又費了很大精力把她打發走。在工程進行到煤礦抽水站附近時，該礦水管阻礙了工程進行。礦上不願意拆除，經多次協商無果，為了進度，我不得不採取「先斬後奏」！暗示機械操作手在趁礦領導不在場的瞬間，有意將水管撞斷，礦領導聞訊趕來，為時已晚。只好找我協商賠償費用問題，我便順水推舟做了好人，幫他們另安管道，施工障礙便很快解決了。由於立新降坡處於交通要道，是我市對外進出的必經之路。突擊期間，牽動了全市人民的心，電視臺、報社也及時前來採訪、報導。此時我的副手看到在她手上耽誤的工程有希望按期完成，為了挽回面子，她多次求市府祕書長來做我工作，要求中途改讓她來管。我考慮到如果交她管，別人對她又不信任，再加上她的能力所限，延誤了工期責任重大，我無法向市長交待。不答應又將得罪領導，經反復權衡寧願得罪上司，我還是堅持自己管到底。於是排除干擾，繼續和大家一起奮戰，在大家的共同努力下，終於如期完成任務。交工那天天

氣晴朗，市領導一行興致勃勃來到工地，親自驗收了該段工程，感到十分滿意。參建人員也個個興奮，終於圓滿完成領導交辦的一件大事。

　　回到公路處以後，我對公路處的發展思考很久，從發展方向來看，必須走機械化築路這條路；從國家政策來看，大鍋飯不會長久，事業單位改革也勢在必行。而公路處職工文化偏低，且無技術可言。尤其養路工子女受環境限制，教育程度都不高，老的技工又為了保飯碗，不想帶徒弟。如要成立一支機械化築路隊，必須先培養人員。於是，我利用老同學在省公路技校當校長的有利條件，決定先送一批職工子女去培訓。首批定下三十一人，如何選拔？經思考，還是通過考試，擇優錄取。於是，我親自到市第一中學請老師出卷子，拿回來以後，我委託人事幹事保管。誰知沒多久就出現問題，人事幹事利用職權拉關係，將卷子作交易，透露給有關人員。我得知情況後，表面未作反應。暗中我又請一中老師另出一套卷子，自己親自保管。當時一些「神通廣大」的子女都以為這次考試穩操勝卷了。考試的那天，我規定八時開始發試卷，在七時五十分時，我出現在考場，臨時通知人事幹事將試卷給我，另換我手中的試卷，告訴他這試卷下次用。此時有些人慌了手腳，但已來不及了。通過這次選拔基本上做到公平競爭，擇優錄用。通過省公路技校的學習，許多人都掌握了公路施工的基本要領，掌握了機械操作的技能，現在已是公路戰線上的主力軍。

　　在公路處工作期間，由於人事關係複雜，個別退下來的老領導心中不服，暗中作祟，給我工作製造很多麻煩。有的人採取各種手

段,分化瓦解新領導班子。在我當交通局副局長後,我竭力推薦了當時還在汽運公司當統計的同學趙××,使她當上了公路站副站長(副科級),隨後由於站機構升格為處(副縣級),她作為副職,級別也隨之升為正科,當上了副處長。這也是我對她在文革期間為我主持公道的一種報答吧。本以為老同學之間好配合,我未把財權收回(其實這是一大失誤,任何領導都知道財權是一把手必須控制的),某些不懷好意的人,於是惡意對她吹捧、誤導,企圖離間我們。隨著地位的變化,人的心理也在變化,她在許多重大問題上固執己見,不能與我很好的配合,致使許多重大的決策無法出臺,中了對立面的圈套。我顧慮到老同學的關係,總是一忍再忍或回避、妥協,不想讓內部矛盾激化。這也是我在公路處再也無大的作為的一個重要原因。另我也想到了退路,因為我還是交通局副局長,實在無法合作時,我可以回交通局。

在我仕途通暢之時,省裏、各地同學、老師都常到我處來聚會,榮譽也接踵而來,莫名其妙的頭銜也鋪天蓋地而來,順心的話更是不絕於耳。愛人此時不斷提醒我,不能頭腦發熱,忘乎所以。

這時,我幸運地辦成了我一生中最為重要的一件大事,父親的冤案得到了平反!不但原單位親自派人到我家表示慰問,還補發了撫恤金、遺屬贍養費和平反通知,這也是我家幾十年奮鬥才得到的公正裁決。早在1960年,大姐就以母親名義向安徽省委提出上訴,以後又多次向省高級法院、滁州中級人民法院、天長縣人民法院提出要求復查的請求,幾十年來,一直未能解決。幸好遇到中央有了平反冤假錯案的指示,我市人大又專為我寫信給天長縣人大,再加

上得到安徽省高級人民法院汪天柱朋友的幫助，還有南京陳洪書同學，通過部隊首長的幫助，以及我和姐夫及長子顧群親去天長郵局交涉，總算大功告成，了卻心願。

1986年母校舉行三十周年校慶活動，母校領導十分重視在全省各地擔任領導職務的校友。各地校友也紛紛表示祝賀，有贈送母校汽車的，有贈送各種禮品的，我們也表示了心意，將銅陵的地方產品啤酒送了一汽車，作為母校慶典時的用酒。在慶祝大會上，校領導指名要我代表歷屆校友在大會上發言，由於當時在處在春風得意之時，心情好，文思也十分敏捷，立時發表了一篇熱情洋溢的講演，博得了全場掌聲。下午又被邀請向母校畢業班講演，要我向畢業生講述如何奮鬥的，如何做出成績的。我只能將我的個人體會介紹給大家，向他們講述了社會與學校的不同，如何確定人生的奮鬥目標。晚上又參加了新老校友的大聯歡，那天，張忠俠聞訊坐著自家的「小紅旗」趕來，大家闊別多年難得一見，因此，特別興奮。我們都登臺作了表演，狂歡至深夜，才戀戀不捨地分手離去。

1986年「七·一」省交通系統歌詠比賽，使我又一次大出風頭，同時，也深深地遭人嫉妒。那次比賽是省交通廳廳長王清華倡導的，全省都十分重視。參賽準備時間較長，自接到省裏通知後，我就報名參加。我局郭局長女兒是學藝術的，她專為我推薦了兩首歌：《祖國，慈祥的母親》、《新星贊》。市文化館鍾月梅熱心為我輔導。赴省時，市劇團闞東升陪同，幫我輔導和化妝，我們一行五人帶了專車到合肥。省交通廳工會得知這次參賽選手中，我是唯一的局領導，因此格外重視，消息不脛而走，廳裏上下很多人都已

知道。記者們也早已瞄準目標。比賽那天，廳大禮堂內人山人海，座無虛席。擔任評委的是省藝校老師。闞東升為我精心化妝，白襯衫配上鮮豔的領帶，將我四十五、六歲的人打扮成三十多歲的小夥子。當我登臺時，臺下一片好奇的眼光，熟悉的、不熟悉的人，都想聽聽我這當局長的人有什麼驚人的表現。一曲唱罷，臺下掌聲雷動，那天多虧準備充分，情緒飽滿，很快進入角色，從吐字、發聲，到動作、表情都恰到好處。因此，效果較理想。評委們也都滿意地打出了較高的分數，報幕員宣佈9.21分，臺下又是一片掌聲。演出結束後，廳領導紛紛上臺與我們握手，祝賀演出成功，並為我發了特別獎。獎品是蕪湖鐵畫「駿馬圖」。回到宿舍，《家庭之友》記者夏亞捷足先登，隨後《安徽交通報》記者方雲錚也跟蹤而至。廳工會戴秀麗又來訪問，這些採訪都隨後見報了。於是，全省交通系統掀起了一場不大不小的熱潮，那段時間到處都在議論這次歌詠比賽。回到銅陵後，首先向局裏報了喜，後又向文化館報了喜，大家都為我高興並祝賀。以後文化館又將我獎品借去，作為他們輔導業餘文化的成績，至今仍留在他們那裏。

與此相對應的是，有些人因此醋意大發。1987年八、九月期間，《安徽日報》在週末版刊登了我市張文林對我的採訪，並附登了一幅我的演出照片。這下引起了局長的警覺，以為這是一個信號，可能我要被提拔。這時，局裏一個政工科長認為機會來了。他早已覬覦公路處處長的位子，因為得到它就可以從正科升到副縣，此時卻被我兼了，使他失去一次晉升機會，於是對我產生嫉恨。他便從中挑撥我與局長的關係，增加他對我的疑心。另一方面，他又

從政工這個渠道對我發難，暗中操縱該處的副書記不與我合作，他再從上面拉偏架、造輿論，使我腹背受敵。

還有一次，我正在省裏開會，局政工科長乘機活動，向分管交通的副市長誣告我，說我將輪渡碼頭改造工程交給省港航公司幹，沒訂合同就預付三十萬元工程款。被我得知後，會未開完我就趕回來找副市長解釋、澄清，由於副市長偏聽偏信、先入為主，與我爭論起來。我據理力爭，拿出合同給他看，在證據面前副市長輸了理。從此，他對我懷恨在心，在以後的長江大橋籌建中，找機會對我進行了報復，這是以後的事。

不久，又一次機會來了。局長家裝修，有一筆費用想在公路處報銷。當時我把財務大權交給副處長管，她在這方面與我不能同步，使我未能滿足上司的要求。從此，埋下了禍根，局長處處對我刁難、並暗中支持我的對立面與我作對。政工科長看準了形勢，正好合力對付我，一箭雙雕，既討好了對方、解了心頭之恨，又可有機會取而代之。在這種嚴峻的形勢下，幸好有張市長和經委的一些老領導的支援，我才不至被他們壓垮。局一把手最大的毛病是表現欲極強，報復心極強。在「七五」交通規劃完成後，他急於向上級表功，但分管市長對此仍有保留，不喜歡他吹噓，而希望看到他的實幹，這使他很不舒暢。他對同級副手不能當助手對待，而是當成對手，處處設防，生怕別人在某方面超過他。出風頭的事他是從來當仁不讓的。他的報復心表現在他經常當眾講的話：「誰要想搞我，在我沒下臺之前非要先搞倒他！」這兩點缺點是盡人皆知的。因此，他不能團結好領導班子，也難以得到上級的滿意。

在1987年張市長曾提出大膽動議，要換掉他。聽說要將我扶正，擔任交通局局長。按程序，這要經人大討論通過。我的對立面探知消息後，立即進行了緊張的幕後活動，大造輿論、拉攏人大的老同志加以抵制。就在人大準備開會討論的前幾天，省裏下了任命，要調張市長去省裏擔任副省長，於是她委託了市人事局局長代為傳達。在人大會上，由於市長不在場，提議分量輕了許多，經過激烈爭論，最終因少兩票而未獲通過。這事情的經過是別人事後告訴我的，是否與事實有出入，我不得而知。

經過這場風波，局長更加將我當成競爭對手，更是提防我，於是動用了手中權力，將政工科長提拔去公路處當處長，將我調回交通局仍當副局長。在局黨委民主生活會上，又事先安排親信對我進行突然襲擊。在會上首先向我發難的是緊跟他的原為我局小車司機的運管處長（由於擅長拍他馬屁，深得他的欣賞硬被他提拔成運管處領導，別人背後譏諷他是局長的乾兒子），在局長的授意下他對我大肆造謠攻擊，由於市領導早知交通局班子有問題，內部鬥爭很激烈，所以市領導親自坐陣觀察。在此情況下我不得不進行反駁，並且毫不留情地將他們兩人放在一起批駁。其他副手雖對一把手有意見，但此時卻想裝「好人」，坐山觀虎鬥。這種極不正常的局面，市領導已心知肚明。真理、是非被利益驅使，何談團結？我感到從未有過的痛苦與無奈。我也深切地體會到官場的險惡，預感仕途的黯淡。

1988年我已回到交通局，下半年，市政府決定成立銅陵長江大橋建設指揮部。我被任命為副指揮兼辦公室主任。為了跑項目，我

經常往返於合肥、北京之間。從可行性研究開始，先是到濟南，通過老同學朱振祥、宋肇書的關係，拿到東營大橋圖紙，回到合肥交給楊朝嵐借鑒做可行性研究。後又於年底，飛往大連，參加外經貿部召開的利用世行貸款會議，住在著名的棒槌島賓館九號樓，與黃石大橋、海南省環島公路、東北嫩江大橋指揮部的同行見了面，我省同去的有省經委、省交通廳、省合銅公路、銅陵大橋指揮部辦公室等單位同志。在匯報時還發生了笑話，外經貿部同志問，為什麼銅陵大橋貸款要比黃石大橋貸款多？省經委一年青同志不假思索地脫口而出：「我們安徽窮。」這話立即引起轟動，大家不能滿意這樣的答案。我們馬上又作解釋：「因為我們大橋要經過江北一片軟基，引橋延伸較長，故造價也高；而黃石大橋不存在軟基問題，故可少用些貸款。」這樣大家才服氣。

1989年5月我們一行數人又去北京，市委老書記、副市長、計委、經委、交通局都到了。由於政治風波的影響，街上汽車無法通行，我們就借自行車每天從東跑到西，一趟就要費上兩、三個小時。各機關工作也受到很大影響，除了維持日常工作外，大部份時間是談論學生的事。我們往往是見縫插針、一家一家地去求，從交通部到中國國際工程諮詢公司，希望早點批下我們的項目建議書和可行性研究報告。

以後，又到交通部公路規劃設計院和交通部公路科研所，一步一步落實具體問題。經中國國際工程諮詢公司同意，終於定在1989年7月4日在銅陵召開銅陵大橋可行性研究評估會。

我們回到銅陵後，緊張地進行會務準備，在7月4日這天，位於天井湖的會場佈置得既隆重又熱烈。代表們的吃、住、行及娛樂都安排得井井有條，我們焦急地等待專家代表的到來。上午10時30分左右，突然接到省廳電話，說代表的專車行駛在合（肥）蕪（湖）公路74公里處，發生事故了！我們立即帶車去現場，經瞭解得知：由於雨天路滑、車速也較快，車身失去控制，衝到路的左側一座小橋上，撞斷七根欄杆，翻入河中。幸好河水不算深，約一米多，人站起來未漫頭。當時代表們正在車上打瞌睡，進入水中後突然驚醒，掙扎著站起來頭還在水上，尚可保持呼吸，坐在車前的王水，首先從前門跳出，迅速拉開車門急救。一個一個往外拉，代表們也互相幫助，全部援救上岸。其中四位傷勢較重，還有十多位也有不同程度的輕傷。於是立即打電話向巢湖人民醫院求救，不多時救護車將傷員送到巢湖進行臨時急救，因離合肥不算遠，且合肥醫療條件也好些，故又送往合肥。

當我帶著人趕到合肥時，他們已坐在交通飯店大廳裏，等待安排就餐和住宿。一個個神情呆滯、驚魂未定，有的手上纏著繃帶，有的面部擦傷，大部份人都還穿著濕衣濕鞋，彷彿從戰場上下來的傷兵一樣。我立即電話請示市領導，同意為他們添置鞋襪、衣服，並讓我代表市政府向他們表示慰問。交通部公規院的總工王建瑤比較樂觀，事後他開玩笑說：「七四，七四就要出事。」正好出事那天是七月四日，出事地點是74公里，撞斷的欄杆又是七根。

第二天，四名傷勢較重的專家被送到醫院治療，其他傷勢輕的專家都隨我市派出的大客車回銅陵。這些駕駛員都是經過挑選，政

治、技術都過硬的，市裏並指令我在前面押車控制車速，確保代表們萬無一失地平安到達。

會議僅推遲了兩天。開會那天，會場上看到代表們帶傷參加會議，大家都十分感動，對這些專家代表的敬業精神產生由衷的敬意。會議進展很順利，完全符合我市意圖。會上一致通過建斜拉橋的方案，為我市長江上增添了一道亮麗的景觀。隨後，委託交通部公規院為我們設計，委託交通部公路科研所為我們作環保評估報告，委託國家環保局進行環保評定。因此，我又先後去了幾次北京。在與交通部公路規劃設計院打交道期間，他們幫助我聯繫上了香港小船王陳石林，因我局擬辦一個拆船廠，需購買舊船。在北京香格里拉大酒店的一樓大廳，我們見了面，並交換了初步意見。後由於經費沒落實也就中途放棄了。還有一次也是在香格里拉大酒店，與香港鋼絞線廠商會談購買大橋用的鋼絞線問題，後涉及到投標等問題也未成功。

當我市長江大橋進入初步設計階段、人手緊張之時，那位副市長開始了他的個人計畫，首先將他的兒女親家從企業調入大橋辦，由於他個人無法決定他的職務，只好以幫忙為名協助我工作。矛盾首先產生在批報招待費問題上，許多不應該報的單據，卻以招待客人為名而行謀私利之實的事，時有發生。我身為大橋辦主任，財務制度還是要堅持的，我不批，他就找親家批。俗話說，「官大一級壓死人」，不同意吧，有違上級意圖；報了，又不符合財務規定，使我經常處於兩難境地。更為嚴重的是，他們借到北京送禮之機而假公濟私，將禮品偷送給孩子學校的領導，以獲取孩子出國深造的

機會。我向當時任市長的汪×反映，汪理解我的看法，但無法處理這類問題，只好等待以後考慮。不久，打擊接踵而來，首先以「加強領導」為由，將「大橋辦」升格為副地級，副市長親任指揮，市政府祕書長任常務副指揮，將我這唯一學路橋專業的人調去任行政辦副主任，且排在兩名副主任之後。而他親家從未搞過路橋工程，卻去抓工程。對我開始實行排擠報復。隨後，市審計局派了四、五人到我辦審計，審了近十天左右時間，在我主持工作期間財務清楚，沒有違規行為。有一些不合理的單據均不是我批的，審計也就不了了之。有一次，需到外地廠家選購橋樑配件（錨具），副市長派他親家去談判，他不知道該產品實際價值是多少錢，只憑對方報價盲目地還個價。回來後還沾沾自喜，自以為有功可居。他們一唱一和向市領導班子報喜，說這次談判為我市節省了多少錢。這個節約數是以人家報價與他們還價的差額作為節約依據的。其實應以它市場實際價值與確定的價值來進行比較。

　　1993年，我主動要求回局工作。經過多次交涉終於同意我回局，但局裏的一把手仍然抱有成見，沒忘記對我的打壓。經他們幕後的上下勾結和交易，組織部硬是藉口「交通局領導職數所限」，將我排除在權力之外，只同意我回去後擔任總工程師。級別未變而實際已無權過問局的行政事務了。

　　回局後，讓我籌建我市高等級過境公路，市裏任命我為高等級過境公路指揮部副指揮兼辦公室主任。煞有介事地忙了一陣，從招標到施工不到半年，這條路就因局裏貸款不落實而中途停工。交通局一把手因年齡已到，被調往市政協工作。臨走前，他故意安排

了一個事業心不太強的和事佬來接替他工作。這人上任後，不是大砍大殺將企業搞下馬，就是追求享受、忙於換轎車，還美其名曰：「轎車是代表單位的形象」。剛上馬的高等級過境公路，被他以貸不到款而被迫流產，後又推給了公路處。他飽食終日、無所用心，將好端端的一個政府單位變成了生意場。大家終日無所事事，喝茶、看報、抽煙、聊天。我感到從未有過的壓抑和失望，在萬般無奈下苦熬了一年。官場的險惡令人心寒，回過頭來想搞專業又無用武之地，白白地虛度年華、於心不甘。於是，下決心另尋出路！

當時正好國家公務員有內退的政策，鼓勵在位年齡偏大的公務員提前內退，實際是騰出位子來讓年輕人早點接班鍛鍊。公務員年齡滿五十五周歲，工齡滿三十年的，本人申請，組織批准可以辦內退。按我當時年齡還差一歲。

不久，機會來了。安徽省交通廳原總工程師韓祥瑞，早已退出官場下海，在廣東省虎門技術諮詢監理公司，擔任西部沿海高速公路臺山段總監辦總監，他希望我出任副總監。虎門公司將邀請函發給我，要我一月內回復。經過近一個月的醞釀，我召開了家庭會議，最終家人一致同意我南下打工。於是，我決定先採取請病假的方式，出外適應一下，如能適應再按計劃於明年辦內退。

1994年7月是我命運的又一重大轉捩點，我隻身南下打工，投入一個全新的陌生環境，擺脫了多年來困擾我的名利場。未來的路是一條嶄新的路，一條屬於自我的路，一條體驗自身價值的路，也是一條自食其力的光明之路。

南下廣東

　　我曾有幸於1992年3月隨安徽省公路學會考察團來到改革開放的前沿——深圳、珠海進行考察。見到許多內地從未見過的景象，這裏充滿生機活力，街上隨處可見來去匆匆的人流，到處是欣欣向榮的景象。通過考察，我的心被眼前的景象征服了，也為我隨後的下海打下了思想基礎。

　　1994年7月10日清晨，天氣已很炎熱，妻子送我去汽車站上車，因我是第一次孤身一人外出闖世界，其心情是可想而知的。妻子像送出征戰士遠征一樣，隆重而又悲壯；我內心也有種「壯士一去不復還」的豪情。

　　7月11日在合肥，原定8點10分起飛的飛機延遲到11點30分才起飛，在下午1點10分終於平穩地降落在廣州白雲機場。出站後，韓總帶車接我去公司。兩點半上班後公司辦公室裘主任給我一一作了介紹，並安排了辦公和住宿地點。晚上韓總夫婦盛情款待了我。通過瞭解，我十分敬重這家公司，他們領導大多數是原交通廳退休的總工、處長等，業務精湛，經驗豐富，辦事認真，是一個名副其實的專家團隊。能進該公司的員工，必須具備高級工程師職稱，因此我們這些在該公司工作的人，都感到特別榮耀。他們擁有大批的專家，合作形式也是多種多樣：有在任上班的；有定期來公司上班完

成特定任務的；有名聲很響的專家只需掛名的，或偶爾出席會議，簽個大名就可以的，像同濟大學李國豪教授、交通部工管司領導、一些大學教授和交通廳上層業務領導等；有臨時需要才來公司工作數月的；總之，經營靈活，業務興旺。

第二天正式上班，首先審查廣珠高速公路的結構設計圖，我看的是三寶瀝大橋圖紙，經過幾天審查也提了幾條意見。沒料到的是，五年後竟然輪到我來管理該橋施工監理任務，這也是一種巧合。

沒過幾天，又隨韓總、余總去臺山聯繫進場問題，臺山是一個僑鄉、縣級市，有不少好的建築，市面不算繁華但還算興旺。市交委甄主任接待了我們，安排我們住在全市最好的園林酒店。第二天在交委討論了合同，下午去廣海看了監理用房，是利用港務局的大倉庫改造的，四周環境很美，客運站就在院內，每天都有往返香港的雙體客輪。當天我們又回到廣州，隨後是繼續審查圖紙。

7月25日，安徽省公路學會祕書長通知我參加赴俄羅斯考察，於是我向公司請假，裘主任又向謝總請示同意，這才讓我回去。回到安徽經過一陣緊張忙碌，辦好了出國護照，接受出國前的教育，買好生活用品和禮品，選好考察地點莫斯科、彼得堡等。就等廳長出差回來決定行期，結果行期一推再推。在近兩個月的漫長等待期間，我感到太無聊，廣東那裏又等著我，於是我放棄出國還是打算先回廣東。

10月4日，愛人與孩子又一次將我送上征途，這一次應是較長時間的離別，親人離別本是傷感的事，由於我經常出差、分別已成

常事，心裏承受能力已增強。中午抵達合肥，晚上與群兒一家團聚，沖淡了離別之愁。群兒有報考研究生的願望，我很欣慰，男兒應有抱負。費雁有喜反應期已過，明年春節前後將會傳來佳音。

回公司後不久，聽安徽傳來消息──關於出國的事，因廳長不想去俄羅斯而要改去美國。他們問我還去不去？我考慮請病假已好幾個月，去俄羅斯的費用單位已付，如再要求增加錢去美國恐怕不好說，因此決定放棄了，並通知單位將去俄羅斯的費用取回來。

臺山監理處除了正副總監，還有江西來的監理工程師三十五人。為了提高他們的業務水平，韓總要我給他們講課，我以前曾參加交通部在四川成渝高速公路辦的「世行貸款和菲迪克條款」學習班，現在就將在班上所學的關於菲迪克條款有關規定全部搬了出來，當講到監理與施工關係時，我說應該像是「醫生與病人」的關係時，韓總插話說：「這個比喻非常恰當」，大家聽了很受啟發，更加明確了監理在工程中的位置和形象，效果很好。

有一次我們去六標檢查工作，閒暇時該標經理楊春海談起往事，他原是交通部質檢站站長，後下海搞起了施工企業，他曾被送到廣海一帶「勞動改造」過，他說：「鬥山敢上，廣海敢闖，嘗（常）到甜（田）頭」鬥山，廣海，田頭都是當地地名。可見他心態十分良好。

11月初，我隨韓總去一標檢查土石比例時，韓總定的土石比例是1：9；而業主認為應是9：1，分歧很大。在後來的一次聯席會議，雙方進行了激烈地辯論。韓說：土與石區別是土有液塑限，石頭沒有；石有長石、石英、雲母，土沒有，不信可以通過化學分析

作出結論。業主主張按開挖難易來界定，爭論很久業主無法辯贏，於是醞釀了一計，決定向虎門公司攤牌，願意出100萬元給公司要求公司退場，否則，必須撤換總監。在此壓力下，公司為了自身利益準備撤換韓總。

在未行動前，公司總經理楊學年於11月22日來工地檢查工作，並在會上提到，虎門大橋已先後換了三批人，對不勝任工作的、對思想品德不高的、對不能合作共事的人都要換。公司與僱員是合同關係而不是幹部管理關係。話中已能聽出準備換人的信號。在談到施工單位時，楊講：「這次工程招標是單價承包，也就是意味著承包單位為了中標必然減少工程量而抬高單價；中標後再設法增加工程數量，突破造價來獲取利潤。」會後，韓為了自身體面、主動提出辭職，於是與業主的一場矛盾終於化解了。但隨後我的處境開始困難起來，原因很簡單，我是韓總推薦來的人，他們不放心，必然受到株連。隨後沒多久，公司將本公司的股東、總工余文嵩派到臺山任總監。

12月10日開始，我莫名地感到煩躁不安、失眠，連續三、四天，後接到長子群兒電話說：「媽患腦血栓已住院了。」幸好她單位同事熱心幫助及時住進人民醫院。此時群兒特地從合肥趕回來，策兒、京生（我外甥，他在福建漳州當兵回家，特地繞到銅陵來玩）及策兒女友小方都在家，他們輪流陪伴、照顧巧媛。為了解決家中困難，我立即趕到臺山給家中匯去5,000元，以應急需。由於治療及時，經過十多天的住院治療，巧媛恢復很快，沒有留下後遺症。

　　春節期間我們全家團聚。節後愛人再次為我送行，我們已預知歸期，因為公司已暗示不打算續訂合同。2月18日抵達廣海，由於心裏有準備，也不感到難堪，工資雖未及時拿到，但公司在電話中允諾給補發並報一單程機票。20日，顏學銳工程師從廣州來時已將我工資帶來。23日愛人電話告訴我，我單位的退養已批下來，這意味著我已無退路，只有繼續打工打到底。27日，余總與我在海宴開會歸來，路上他勸我與七標聯繫，讓他們幫我解決工作問題。這似乎是關心，又好像是被動員走的意思。我感到人格上受到侮辱，很不是滋味。為了謀生只好忍受，反過來想這也正是磨練自己的好機會。

　　2月底，業主甄主任召開會議，在會上又提及韓總爭論土石比例的事，餘氣未消。隨後又表揚余總與他們合作很好，言外之意是，過去的總監們不能為業主著想。由於韓總的固執使我替人代過，心裏十分不是滋味。

　　3月1日，像烏雲密佈的天空突然透出一縷陽光，使我心情忽然開朗。從合肥傳來好消息，費雁順利產下一男孩，取名顧亦飛，長得很漂亮。喜訊很快傳到銅陵，我們一家三地，歡慶有了第三代傳人。

　　但工作已越來越不順。新來的余總帶著偏見看問題，他與韓素有成見，來後像改朝換代一樣，一切反著幹。對我更是看成眼中釘、肉中刺，不拔掉心有不甘，於是處處挑毛病，例如：文件中打印的標點符號他都要一點一點地摳，有一次為一個逗號和頓號看不清，他怪我審查不嚴，與我爭論起來。我忍無可忍，狠狠地回擊了他。

　　從此，我也作提前結束的準備，大丈夫可殺不可辱，回家也不會餓死。工作不愉快，業餘時間還是要放鬆自己的，於是晚上無事就與江西來的同事一起散步閒聊，或到停在岸邊的「臺山號」、「新寧號」客輪上去看錄像，兩條船上的船員對我們都很客氣，有時我們有車去廣州就順便給他們帶東西回家，他們去香港也給我們帶手錶、小工藝品等，彼此很融洽。

　　這樣日子不長，大約3月10日楊經理再次來臺山，除了正常檢查外，還有特殊使命，即動員我辭去副總監職務，理由很簡單——總監之間工作不協調。實際就是希望我自己提出走，我當然不會賴在那裏。但解決此問題時，公司對我十分優厚，三月才做了十天，他願意發全月工資，一季度獎金照發，二季度待業基本工資照發，年終獎等年終分紅時再寄給我。事隔半年，他們在春節前還是寄給我一千多元的獎金，公司鄧宏主任還多次要我愛人告訴我，讓我回話告知他已收到獎金。由於我剛到四會工作較忙，將此事耽擱了，過了很久才給他電話，這也是使我感到內疚的一件事。

　　3月16日，我乘四標廣州公路工程公司的車去公司辦理辭職手續，鄧宏主任對我十分關懷，幫我辦好一切手續，共結算給我約一萬多元。在虎門公司工作是我打工十一年生涯中遇到的唯一一家最規範、最守信譽、最厚道的監理單位。想到此事，我仍然十分懷念這家公司，懷念像鄧宏那樣老一輩的技術幹部和領導。下海打工的第一站就這麼告一段落，我的感受是——「外面的世界真精彩，外面的世界很無奈！」

從廣東回來不久，老同學陳洪書就幫我聯繫到江蘇省交通規劃設計院做監理。每月有四個星期、八天的假日，來回路程算上班，實際工作只有二十天。月薪1000元。初次打工、路子不寬能有這份好差事也算不錯了，所以我還是去了。

1995年4月3日，我坐火車抵達南京。當天下午與該院副總工顧壽才見了面，顧為人直爽、樂於助人，當即商定次日由顧總來接我。次日下午顧陪我一道趕往泰興工地，晚上住在刁鋪的常州通達公司基地上，位置緊靠南宮河邊。

在工地上為了全面掌握該工程要點，我將設計圖上的重要部位都摘錄在自己筆記本上，並繪成圖供查看。對施工中發現的新知識也及時記錄，如打水井，當地粉砂土較多，工人們用水泥拌碎石做成涵管豎直下到土裏，地下水可滲透進涵管，使管中水源源不斷。這種涵管不用沙而直接用水泥拌碎石就是為了使管壁產生孔隙。

還有一次看到工人挖基坑不用鍬，而是用水槍射水沖沙（即束水攻沙），工效很高，這在書本理論上知道而實際應用卻很少見到。

另外，基坑內水位較高，為了降低地下水位，他們們使用了針管吸水法，在基坑四周打入很多帶孔的鋼管，管頂由橫向鋼管連接集中到抽水泵，再由真空抽水泵將土中水分吸出，從而降低了坑內地下水位。

還有一次，迴旋鑽鑽到深層時遇到許多貝殼，十分堅硬。鑽頭多次被它磨損，補焊幾次仍然鑽不下去，後來，他們將鑽頭提上來重新焊，將鑽頭角度變小一點，也就是比以前尖一點，再放下去鑽，結果鑽下去了。

這使我大開眼界，工程知識就是從無數平凡勞動者那裏總結出來的經驗。我將這些都記進了我的日記裏。

有一次揚州市高速公路指揮部召開施工圖審查會，安排我們住在乾隆賓館，重點是審查引江河大橋圖紙中的問題。蘭州一院的領導及技術人員和揚州市指揮部的有關領導都參加了會議，會上我見到曾在杭州相識的管啟雲副局長，還有新認識的董處長及其他指揮成員。會上充分討論了圖紙和施工中應注意的問題。會後遊覽了瘦西湖，觀看了瓊花。第二天回到工地。沒想到在我離開江蘇、二下廣東後的第二年，得知揚州指揮部許多領導包括管局長、董處長在內全都被捕入獄，有的是貪污腐化、收受賄賂；有的用贓款在揚州買了別墅又私養情婦。董處長在牢中後悔萬分，還寫了一首詩表示懺悔之意，後流傳獄外，被許多人傳閱，我也曾見過。使我感慨的是：既知今日，何必當初呢！

7月，同學汪學智從合肥來電話，邀請我去廣東省陽江供職，我答覆十月份去，但那邊事急不等人，就只好告吹了。

不久，由於顧總工作中得罪了幾個青年人，他們記恨在心。回院後不久就發生了寫檢舉信告顧總事件，南京市檢察院曾參與調查。在我辭職回銅陵後不久，南京市檢察院來了幾位同志找到我單位，向我查詢顧總情況。他們問得很巧妙，現摘錄如下：

問：「你在江蘇省交通規劃設計院做過監理嗎？」

答：「做過。」

問：「你什麼時候去的？」

答：「四月三日去的。」

問：「你拿多少錢一個月？」

答：「每月一千元。」

問：「三月份工資他給你了嗎？」

答：「我還沒去工作、他怎會給我工資呢？」

此時檢察院同志拿出三月份的工資表複印件給我看，指出有我的名字但沒有我簽字。這才開始將調查意圖告訴我，是為了查證顧總經濟上存在多少問題。我始知中了他們的詢問圈套，想幫顧總擺脫困境也難了。

他們走後，我隨即打電話告知陳洪書，陳又告知顧，經過一番商量。陳告知我，那三月份工資是作為招待費使用的。因為我去後他曾接待過我，此費用無處出，只好採用這辦法。這種說法也符合情理，因此最終顧總也未受多大影響。

通過此事也使我增長見識，在今後與人交往中應更加警惕，說話要更加小心。在未瞭解對方意圖前，千萬別先開口回答，這是我得出的寶貴經驗。

1995年11月8日我再次離家南下，前往珠海設計院擔負監理工作。我被安排住到四海公司，該公司工地在金寶利鞋廠隔壁。四海公司是茂名一個私人老闆在經營，他叫梁偉，原是茂名財政局的工作人員，因組織對他重視不夠、未予提拔，一氣之下就辭職下海了。他的弟兄、妻子、親戚都參加了他的公司，還雇用了一些人，專門承接工程。由於他處事精明、善於交際，混得還不錯。我去後他們對我都很客氣。

　　我們站在二樓就能看到隔壁鞋廠的情況，每天一早，在高高的圍牆裏，工人就要整隊練操、列隊就餐，接著便是緊張地工作。該廠是臺資企業，管理十分嚴格，廠裏有穿著制服的保安把門或管理工人，乍一看真和監獄差不多。工人在這從事著繁重的勞動，工資卻不高，每月僅五百元左右，所以該廠每天都有辭職的，天天也都在招工，門口的招工通告從未撤過。

　　住在四海公司的還有兩位監理，他們比我早到，一個姓吳、一個姓瞿。他們正準備辭職回珠海（他們家住珠海），辭職原因是珠海設計院在他們的待遇上不兌現。我聯想到自己來的路費他們都未及時報，加班費不明確表態，當月工資要拖到次月十號以後才發等等，心裏也是很不舒服。

　　11月15日那天，吳院長來電話告知我家中有急事，要我回電。我隨即給家中掛電話，得知母病重、肝硬化、肝腹水，策兒、毛毛已回鎮江照顧祖母讓其住院，大姐、弟弟鴻飛也從石家莊趕回，巧媛讓我有個精神準備。不幸的是，11月21日上午10時10分老母已仙逝，我孤身在外，連回家路費都不夠，且弟兄姊妹都已回去處理後事了，家中地方小也無處住，他們就不要我回去了。為了解決急用，我借了2,000元寄回去以應急需。那天我一個人跑到樓頂平臺上，面向北方默默地祈禱，請求慈母的寬恕。內心痛苦難以言表，有苦也無人傾訴。

　　事已至此，我只有振作起來繼續工作。我被分在龍江大橋工地上，施工隊伍是肇慶裝璜公司。

廣東人十分相信迷信，他們在鑽孔前都要先祭拜土地神，認為動土不向土地神祭拜，就是對土地神的不尊重，它在冥冥之中會報復你的。奇怪的是，我第一次下廣東在臺山，第一標段中鐵十九局施工，他們一開始不懂規矩沒敬土地神就開鑽了。當鑽孔鑽到位準備終孔時，一夜過後潮水就將鑽孔淹沒，泥沙又堵滿鑽孔。連續出現兩次，後經當地人指點，他們也學著先祭土地神，殺了雞、買了供品，以後再鑽孔，從此，潮水再也沒淹他們的樁孔了。這聽起來好像迷信，但事實就是這樣。這次我又見到他們殺雞進貢了，並且鑽進速度也快了，成孔也較順利，至今不知其中原委。

施工隊請了當地一個老太婆監督施工，她原是老施工員，有一定經驗，工作也負責，為人很好。有一次，她看到我工作很認真，就巧妙地講了一段往事，暗中勸我不要過分認真——別的工地曾發生過這樣一件事：以前有個老工程師在工地非常嚴格，時間一長，引起工人反感。那批工人是從廣西招來的，來源複雜，誰也搞不清。他們對這位老工程師懷恨已久，於是，就想了個壞主意。一天深夜，他們要老工程師到工地驗孔……隨後將鋼筋籠放進孔內，並草草將砼澆起來，不辭而別跑了！第二天，老工程師也不見了，草地上留有一灘血。工地上一片狼藉，砼、鐵鍬到處都是。老闆找不到工人，單位找不到監理人員，此事成了一個懸案。事後有人分析認為，老工程師很可能遇害了，他可能被打死後，又被綁在鋼筋籠上，下到樁孔內，再被砼澆灌起來無法查證了。他家屬遠在外地，想查都無法取證。當地公安見無人起訴也不會立案。

　　至此以後，我捉摸出了一個防身之術，通知施工隊驗孔一律放在白天，藉口晚上看不清，不能保證質量，夜晚概不驗收。還有一次，路基施工隊是兩個黑道上的人承包的，他們不懂技術，填土不按規定，一層都有六、七十公分厚，沒人敢管他。我想好了去找他們，告訴他們填厚了壓不實，驗收通不過他們就拿不到錢，我答應幫他們指導施工，保證他通得過。他們非常高興，接受我的意見並請我吃了飯。從此他們對我非常友善，成了好朋友。

　　我從四海公司到龍江橋工地很遠，每天都是梁橋泉開車來接，他住在肇慶，有時有事耽擱很久不方便。我建議他借一部自行車給我，他就不必來接了，他一口答應，第二天就把車送到我住處。從此我上班就自如多了，經常騎車穿過市區再到工地。

　　有一次在去工地的途中，經過一座小石橋，遠遠看見一個黃的東西從橋上掉入橋下，出於好奇我走進橋頭一看，原來是一個小男孩掉下河，他正拼命抓住橫在橋下的水管掙扎。幸好河水不深，我急忙趴在橋上用手去拉他，一次未拉住，又拉第二次，終於抓住他胳膊了，那時已是冬天，小孩穿了棉衣。我用力將他拉到橋上，上橋後他仍用手指著水裏，我一看原來還有只鞋子正漂在水上向下游流去。我說鞋子算了，你趕快回家換衣服，由於語言不通互相打手勢表達意思，我把他送到家，家中大人不在，就交給鄰居代照應。隔了幾天我又路過那橋，正巧碰到那小孩和奶奶在橋上指手劃腳，估計是講那天掉下去的事，小孩看見我就告訴他奶奶，老奶奶看著我，面露感激之情，嘴裏幾幾咕咕講了一

些話，我聽不懂，但意思明白是感謝我的意思。我說不用謝，下回照顧好他就行了。

在龍江大橋工地沒過幾個月，我被抽調到四會市的總監辦工作。

四會是個縣級市，腐敗之風十分突出，黃色場所隨處可見，市區桑拿，郊區「山莊」、路邊「飯店」、「卡拉OK」等，更有甚者在市區電視放映廳，竟公然播放黃色音像。官員腐敗更是屢見不鮮，有一包工頭原是某法院院長，他棄官經商，腰纏萬貫，自吹他走在路上，市長車子經過他身邊定會自動停下向他打招呼，他有好幾房二奶，最近又找了一個18歲的小護士，為她買了房，每月給她一萬元開銷。他為此感到自豪，顯耀自己有能耐。

有一公路局局長掌握財經大權，據反映，他對前來討工程款的單位或包工頭，斂財有術，故意推說帳上無錢，使他們多次無功而返。後有一包工隊悟出道理，就乾脆送給他五萬元，果然奏效，很快結走一批工程款，但仍有尾巴留待下次再進貢。許多包工隊就如法炮製，如想將款全部拿走，乾脆就告知他，如能結清餘款，他們願意按一定比例分成、將款打入他私人帳戶。據說後來此君官運亨通，竟爬到了副市長寶座。

僅我親見的工程狀況，可說明問題的嚴重性。四連線有一座橋，由於承擔施工的隊伍不具備條件，在預製樑時將樑做長了，架樑時架不上，只好將臺背敲掉。又一次夜間施工砼路面，有一小包工隊見砼不夠，又不想再送一車來，於是就摻大片石在砼裏面湊數，降低了砼路面質量。由於我不分工管他們，勸他們也沒用。從這裏也可看出施工招標問題的嚴重性。

在四會工作期間，我還瞭解到一個祕密，即廣東打麻將之風很盛，我們總監辦也有人愛打麻將，原以為他們只是玩玩、消磨時光而已，我還曾為他輸錢擔心。後來才知道，打牌只是一個幌子，送錢是真。承包人每次賭博都帶很多錢，但從未贏過、能胡也不胡，直到讓「客人」開牌。每晚都等承包人錢送光才收場。隨後彼此呵呵一笑、心知肚明，在日後的相處中「投桃報李」之事自不必說，雙方都不吃虧。

在四會工作，讓我從另一個側面觀察到現實社會，許多誠實勞動者是難以富起來的，俗話說：「人無橫財不發，馬無夜草不肥。」從中我也深刻理解到舊社會人際關係中所說的「巧取豪奪」、「爾虞我詐」的真正含意。人們都在社會這個大舞臺上表演各自的角色，儘管經濟發展、市場繁榮，現代生活十分美好，但植根於上層、中層、底層的腐敗現象不剷除，我們這座大廈早晚有一天會被他們毀掉。

三連冠奇蹟

　　2006年4月9日我主動結束了打工生涯，返回安徽，恢復我退休生活。

　　自2005年3月離開珠海來到溫州以後，我與老闆經歷過短暫的「蜜月」，隨之便是不斷地磨擦，合合分分、分分合合，在雙方磨擦和妥協中各自不斷調整自己位置，所幸是雙方都十分好強，都很珍視自己榮譽。但他疑心太重，處處設防、制約；我就處處提防、反制約。我們在一波又一波的磨擦和妥協中艱難前行，終於維護了我的尊嚴，也給他帶來了利益。自2005年度下半年開展立功競賽以來，我們第四監理辦在溫州段四個監理辦中連續兩次名列前矛獲得優勝，在省公路水運監理公司二十二個駐地辦中，我們又以總分第一的好成績，榮獲2005年度優秀駐地辦稱號。我本人獲得公司授予的優秀駐地監理工程師稱號。2006年第一季度立功競賽中又連續獲得優勝，實現了公司期望的「三連冠」光輝業績。

　　回顧過去，可以用這樣幾句話來概括我與老闆一年多來的合作經歷：「榮譽與辛酸並存，自尊與屈辱交織；幸福與痛苦同在，收穫與失落共生。」

　　我們諸永高速公路溫州段第四監理辦是一個掛著浙江省公路水運監理公司招牌的私人承包企業，也是靠金錢和關係而支撐起來

的。尤其在溫州這個素稱東方猶太人創造經濟奇蹟的地方，許多事情都是反常規運作，用習慣思維是無法理解的。要想在這裏創造奇蹟除了業務過硬還需要有良好的社會關係。我和老闆就是因為融合了這兩方面的長處，才在既合作又鬥爭當中，各展所長而取得「三連冠」業績的。

回首一年多來的歷程，感觸頗多。記得早在2005年2月份我應季××請求從珠海飛到溫州參加標前會議，季在用人之際善於偽裝，做出出手大方、辦事乾脆的假象，很快取得我的好感。隨後又應邀飛來溫州兩次，都為其順利中標進場鋪平了道路。經過初次接觸，他拿出慣用的伎倆，使用花言巧語爭取我下決心到他手下工作：「這標我是為你量身訂做的，能夠發揮你的才華，也作為你的收山之筆。」「我有很大的自主權，等工程完成也可為你分紅……」「我只要你把工作做好，我不會多干預，不喜歡抓權」等等。而我當時任江珠高速公路總監辦副總監，論工作十分輕鬆，工作環境也非常滿意，尤其人際關係正處春風得意之時，業主、總監辦員工都十分融洽，工資也基本滿意。為什麼還要走呢？唯一不能滿足的是機制的局限，不能充分發揮自己能量，強烈的表現欲使我不能安於現狀。在權衡利弊後，考慮自己年齡已到，作為最後一站、再動一下也好。於是我離開了美麗的珠海，來到山川秀麗的楠溪江畔。

進駐之初，季對我禮遇有加，辦公室任我選定，宿舍配有電視，工作中也能傾聽我的意見，當時我確實認為能發揮我的專長，可以甩開膀子大幹一場。無時無刻我都在為工作著想，希望做出成

績實現自身價值。業主方面也對我較為滿意，外部環境也應該說是好的。

　　4月30日諸永高速公路溫州段建設動員大會定在我辦所轄的十四標召開，業主選定我為全線監理人員代表在大會上發言，6月30日在永嘉賓館召開的立功競賽動員大會，又一次讓我代表全體監理人員在大會上表態。我為了報答季對我的支援，費盡心血、絞盡腦汁為他做好工作。為了擴大影響，我還親自寫文章，編稿件，出了第一期圖文並茂的簡報，獲得業主的好評。但隨著而來的是季的埋怨，說簡報花錢太多了，要他花錢他十分心痛。在這時又出現了另一些不協調徵兆，首先發生在試驗室主任王平身上，王平是高級工程師，省監理工程師證，安徽蚌埠人，為人直爽、敢於仗義執言，與我初次相識便十分有緣，在監理辦工作上他發現季必昭管得太細，處處設防別人，還希望下屬有矛盾、便於駕馭。王多次向季提出自己看法，希望季放手讓我管，不要背後在瞎使勁，這就觸動了季的痛處，季開始要對付王平了（其中也包含鞏固自己地位的意圖）。他終於等到機會，在一次王平向季反映王順武工作問題時，季有意將王平的話傳給王順武，造成他們矛盾升級，在爭吵中動手打架，隨後季藉口他們違反紀律各打五十大板，雙雙開除，了卻心頭之患。事後我向季提出我的看法，不應將反映情況的人洩露給當事人，製造矛盾。季說他是故意這樣做的。我開始感覺此人人品上有問題，不是光明正大的人。在與他相處日久後，我更感到此人言行不一，口是心非。表面對我很放心，而暗中卻時時在調查我、監視我、提防我。他安排了許多耳目，每天都要向他匯報情況。工作

上遇到難題推給我，煩瑣的事找我，有責任的事找我，而做主的事全是他，我處於任他擺佈的傀儡地位，和他當初接觸時的承諾完全兩樣。於是我熬到七月份，請假回去就不打算再來了。我和愛人提前一天到溫州，由朋友的孩子曾穎安排住在軍區賓館裏，第二天下午由她的弟弟唯唯開車送我們去機場，但季必昭非要到機場送我，再三推辭他仍堅持要送，於是在機場見了面。臨別時季非要贈我2,000元錢，推辭再三他執意要給，我才勉強收下。當時我們都很感動，認為他是一個重感情的人，誰知為了這2,000元錢，還真勾出許多令人啼笑皆非的事來。這是後話暫擱下不談。

回家不久，我仍想找事做，通過老朋友顧壽才介紹，一處是在南京、一處是在如東，但還要等一時間。此時，季來電話了，他急需我回去，因為省裏來檢查，沒有駐地工程師他交不了差。他在電話裏「叔叔、阿姨」喊不絕口，並承認自己管理方法不對，保證改正。最後推辭不過，我就說工資4,500太少了，江蘇已出到6,000元，結果他一口答應，我說這趟來的機票給不給報，他說給報。我們同時看在他臨走時贈送的兩千元份上，不能欠他這個人情，於是我答應幫他兩、三個月，讓他有時間找人頂替。就這樣再次二下溫州。

8月初我又飛到溫州，他來車接我直送十五標工地，因為省質檢站來檢查，主要負責人不到很難過關。中午飯也沒顧上吃，季假惺惺地說檢查完再吃吧，誰知一檢查就是一個下午，我也只好餓了一個下午。過了幾天，我發覺他比以前管得更細了，比我走之前還差。我開始意識到他並未真正改進。又等了幾天，我找他報機票，

他推說等一下，我耐心地等了兩天看他沒反映，於是又找他，他推不掉了就說：「上次在機場不是給你兩千元嗎，那就是給你的路費。」我說：「我如果不來呢，難道也算路費？那是你的人情，如不看在欠你這兩千元人情份上我還不來呢！」「你已不是小孩，給了人的東西又要回去，有這樣做的嗎？」他無言以對，才勉強給報了。

接下來，我向他重申只幹兩、三個月，讓他儘快找人。這次回來深深地感到一切都在變了，不是變好而是變得更不盡人意了。他獨攬大權，絲毫沒有放權的意思，工作更加難做。為了奪取第三季度優勝，我是在排除他的干擾中拼命工作，為了爭一口氣，不讓他有任何藉口，同時也證明我的工作能力。在激烈的競爭中終於取得了優勝。可是在獲得優勝、又得到五萬元獎金後，季想一人獨吞，完全不按公司規定全數發給監理人員。對全監理辦人員所付出的辛勤勞動視而不見，這就引起了全體人員的極大反感，在四季度工作中就產生了嚴重的負面影響。我作為監理辦的主任，從全局考慮，必須馬上攏住人心，使工作不致受太大影響。除了加強現場巡查外，還要團結一批專業工程師共同努力把質量控制住。此外，又利用施工單位的力量開展了中秋乒乓球友誼賽把業主、施工、監理三方體育愛好者的積極性調動起來，增強團結、活躍氣氛。到十二月份，我們三個施工單位除十五標因政策處理影響外、其他兩個標段都名列前茅，從而為我辦在四季度再次獲勝奠定了基礎。在12月份，應廣大群眾要求，我們又舉行了第二次乒乓球、象棋比賽。為了隆重起見，我們把發獎儀式和聯歡會合在一起開。與此同時，12

月份的工地例會和年終總結會合並在一起,定在12月24日平安夜下午召開,晚上一起聚餐,餐後舉行聯歡晚會,慶祝一年來的豐收。時值省公司領導下來考察、考核我辦,於是一起參加了聯歡。2005年就是在這種令人振奮和充滿戰鬥激情的氣氛中度過。

在完成「二連冠」後,我兌現了承諾,該功成身退了,此時公司領導、指揮部領導都想挽留我,希望我年後繼續幹。我表示感謝,同時也十分留戀這片熱土。1月7日我返回安徽。

2006年春節我們是在合肥與兒孫們團聚,充分享受了天倫之樂。節後,由於我長期工作的慣性作用以及對永嘉的留戀,加上省公司、市指揮部領導的挽留,我又答應季的要求回到溫州。此次回來本想將工程做完,所以從思想上也作了長期打算。下飛機後季未來接我,但派了司機來接,隨車坐著一位新來的年輕人,是剛從東北過來的,名叫徐斌。他是高工、部註冊證,準備擔任副駐地,當我的助手。我們談得很投機,彼此都很直爽,回到駐地後,他被安排在我對門住,我們接觸較多,互相有了初步認識,配合也較好。在一次會議上,季當著業主面介紹徐斌為副駐地,可沒過兩天季忽然對我說不要喊他徐總,「我看這人不行,你也別對施工單位講,讓他暫時還當專業工程師」。其實,季當初的用心是想用徐來制約我,但一看徐與我配合很好,他又忌妒了。本來讓他與我們一起參加省公司召開的年會,臨時變卦,季不讓他參加了。

2月23日至24日,省公司召開2006年度駐地工程師會議,在會上我辦受到表楊嘉獎,我榮獲優秀駐地監理工程師稱號,獲獎金2,000元,季獲先進質量管理者稱號,也得獎金2,000元。在此之

前，季已要求我將全年先進個人讓給他，我也無意與他爭，於是他受到市指揮部、省指揮部雙重獎勵，名利雙收。此次是公司知道上次表彰欠公平，作為調整關係利於工作才有意突出我個人。會後，我單獨與公司一把手陸總交流思想，提出不想長幹，如能調到公司下屬駐地辦工作我還願意，陸要我堅持到三月底，爭取「三連冠」，以後由他考慮我的調動。我也承諾下來。回來後，我安心將駐地辦工作抓好，計畫排得很緊，力爭實現「三連冠」。在會後一段時裏，季是較放手讓我工作了，干擾也少了。不久，季說馬上又要來一個工程師，是搞結構的，而且把他安排在辦公室對面的一棟樓裏，表面看十分重視，似乎又是他的一張王牌。沒兩天，黃俊傑工程師來了，季事先也不與我打招呼，也沒人為我們介紹，黃來後遭到冷落，一肚子不高興。第二天我主動找他談話，經過交流此人十分直率，很易溝通。許多誤會在交談中很快消失了。但由於季對他不坦誠、許多問題未明確，黃不願在他這裏幹，沒過兩天黃就不辭而別，使季十分難堪。就在季的如意算盤一次次落空的情況下，在公司領導的壓力下，季勉強忍痛將去年兩個季度十萬元獎金，擠出三千元給我，收條上卻寫了五千元，原來他又將去年機場送我的2000元作為獎金算在我頭上（按公司規定我作為駐地工程師應得獎金的15%-20%）。此時我也不想再與他計較了，只想完成對公司的承諾。於是，我儘量團結同事們，在大家的共同努力下憋著一股勁，力爭拿到一季度優勝。季此時也十分看重這次優勝，如能獲勝就意味著他又要得到公司一筆不小的獎金，名譽也有了，真正是名利雙收。他在週邊不顧血本，花了一定的精力去搞關係，由於內外

結合，終於奇蹟出現了，一季度評比又獲優勝！「三連冠」目標達到了！正如季在後來所說：他成就了我，我也成就了他。其實我成就他是事實，他可名利雙收。而我作為退出歷史舞臺的打工者並沒有什麼所獲，名對我已不起作用，利也只是微不足道。事已至此，我也該隱退了，由於年齡關係，本人眼疾發作，先後在永嘉、溫州就醫都說需要療養，於是決定告老還鄉，安享晚年。

自永嘉回銅陵後，僅過了兩個多月，由於工作渴望未減，在朋友的推薦下又一次出山。先後到杭州市餘杭市政工程監理公司、廣東翔飛公路工程監理公司就任總監一職。正當我在潮州因潮揭高速公路新老業主交接談判久拖不決而煩惱時，浙江省公路水運工程有限公司向我發出邀請，經雙方數次談判終於達成君子協定。我於2006年9月18日乘機飛往杭州市，9月19日趕往溫州，20日正式來到甌海大道龍灣段項目監理部就任總監。此時，原總監尚不想立即撤走，也不交接，硬是等過了中秋節、國慶日後才於10月8日悄然離去。

面對矛盾重重、人心渙散、百廢待興的局面，我感到擔子的沉重。但既然承諾就要硬著頭皮頂下來，知難而進。

上任後，首先瞭解情況，理清各方矛盾，找出矛盾的主要方面。同時，看到只有抓住兩頭才能立於不敗之地。我的前任失敗就在於沒有抓住業主這頭，同時也未主動爭取公司支持，因此，在內部矛盾突出時，感到孤立無援、束手無策。鑒於此，我確定了初步主攻目標。首先，從內心要樹立尊敬業主、服從業主的思想，主動搞好業主關係，想業主所想、急業主所急。說來也是事有湊巧，業

主代表與我性格、興趣相投，彼此一拍即合，配合很好。在來後第二個月的總監例會上就受到指揮表揚，第三個月就要求各監理部向我部學習。年終更是喜事連連，被評為先進集體、先進個人，一掃過去被通報、罰款的被動局面。連經常受業主表揚的永中監理部也相形見絀，退居我部後面。在我監理部內部管理上，我堅持實行以專業工程師為主體的分級管理制度，讓各專業工程師充分發揮自己的主觀能動性。而我總監僅保留檢查監督之權，在宏觀上進行控制。通過如此調整使我有更多的時間和精力用在業主和公司這兩方面，因此各項工作開始出現轉機。

在扭轉局面方面，業主代表高和奇是至關重要的人物，此君年紀雖輕但已闖蕩江湖多年，且有很多值得尊敬的地方，他最可貴的品質是有極強的工作能力，有責任心、有正義感、有東北人那種特有的哥兒們義氣。在與他相處過程中，由於我們意氣相投，辦事風格相同，有預見，有計劃，不追求形式而注重實效。許多地方都不謀而合，彼此配合默契。他在家庭中是兄弟姐妹的主心骨、表率，特別孝敬父母，家中大小事務都需要他決策；在外對志同道合的朋友也能盡力幫助，特重信用和義氣。我們相處中他給予極大幫助，作為監理工作最重要的是理解業主意圖，為業主分憂。比如工程進度、質量、管理施工單位等都要與業主步調一致，在這些方面他都事先告知我們，使我們少走彎路，深得業主好評。有時他的計畫在業主方面難以被採納，便巧妙地通過我們監理提出，他再從中撮合從而實現了他的計畫。事後領導表揚了我們，而他從不計較。他能早在工程未結束之前一年就提出內業整理的計畫安排、時間要

求、步驟、分階段實施的方法。並能與施工隊的利益掛鉤，使得工
程進展十分順利。在年終考察監理時，他更是不遺餘力地為我們講
好話，使我們成為先進集體和個人，得到業主和公司的表彰。業餘
時間我們無所不談，上下五千年、縱橫八萬里，我們還成功地舉辦
了多次乒乓球賽、聖誕聯歡晚會，使得工地沉浸在緊張、有序、活
潑、團結的氣氛中，其他監理部無法與我們相比，業主也參與其中
十分滿意。這就是我三下溫州中最值得記憶的事情，當工程進行到
2007年6月底，由於家中需要，不得不提前辭職回家，業主十分認
真地挽留，公司也不希望我走，但家庭這個巨大的磁石還是把我吸
引回去。2007年7月1日正式踏上了歸途。我的十四年打工生涯終於
結束了。

打工見聞

　　本人打工從1994年起至2007年止歷時14個年頭，先後到過廣東、江蘇、廣西、河南、安徽、福建、江西、浙江等八個省。其中：六下廣東、六下浙江、三下江蘇、三下福建，最遠到中越邊界廣西防城港市，也到過江西井岡山腳下的泰和縣，南抵湛江、茂名市，東南沿海到過上海、寧波、溫州、福安、漳州、汕頭、潮州、珠海、臺山廣海等地。經歷的監理單位有14家之多。結交的朋友幾乎遍佈全國，其中有值得信賴的莫逆之交，彼此結下了深厚的友誼；也有各路技術精英，通過交往學到了很多新鮮知識；當然也有少部分人是「浪跡江湖」的混混。透過這個打工層面看到許多在機關難以見到的社會現象，看到各類帶著假面具的人在進行各種表演，同時也折射出許多真假善惡的人性。透過這個有利視角，我更清楚地看到了當前工程建設領域存在的各種問題。

　　中國的路橋建設市場充滿了混亂無序。由於僧多粥少、供不應求，為了一個標，往往參加投標的單位達上百家之多，如江西「昌泰（昌傅至泰和）高速公路」泰和段就有127家監理單位參與投標。

　　在投標隊伍中也是花樣百出：如出錢請人陪標、有意哄抬標的、有的被逼接受低標價而進場後卻埋藏著高索賠的隱患。在招標

的一方問題更多：不實事求事地過分壓低標價，對投標隊伍審查不嚴，明裏招標暗中斂財或巴結上司送標，做著各種地下交易等等。

我曾參加東莞一家私人老闆的投標，就發現老闆神通廣大，許多招標的內情他很快就知道。他冒用山西監理公司的名義投標，沒有公章連夜就能找人辦好，公安審查一路暢通，蓋好後送到招投標管理中心而不會被發現有假；有時糾集海南某公司合謀搞假投標真陪標，哄抬標價；當開標失敗後又能糾集多家公司當場「演戲」企圖翻盤。聽說如果出現標價相同兩家並列時，多數採用吹氣球方法來決定一家勝出。此時同樣有辦法獲勝。權力就在具體操作的人手上，球先放與後放大有不同，位置在風口的球就很易被吹上來。

在溫州某高速公路投標時，我當時還在珠海工作，但那裏的老闆已向我發出邀請，我問他是否有把握中標，他斬釘截鐵地保證沒問題，原因是他的岳父是某指揮部原領導，憑著資格、面子和金錢，早已活動好並定下某標段。開標僅僅是走過場毫無懸念。

在福建漳龍高速公路投標中，某外省校辦公司，憑著校友關係用金錢開路，無往不勝。很輕易地獲得標段監理任務。

在寧德的一條高速公路投標中，有一私人老闆憑藉其親戚是該路的高層管理人員，暗中操作，很快獲得標段。我作為他聘用的替身出面指揮工程。

1999年我在廣東省廣珠高速公路工作時，第一次聽到有「總承包」這樣的單位。原來業主為了最大限度的獲得利益，便於多支配一些建設資金，就發明「總承包」作為自己的化身，來代替自己對工程實施管理。它具有雙重身份，既可代表業主又可代表施工單

位，在工程實施中身份不斷變化，擾亂了正常的工程管理秩序。它不需要投標而直接承接了全部工程。它又不直接施工而是將工程分包給若干大小施工隊，還要坐收施工隊的管理費；對待施工隊他們就成了「二業主」。在與監理單位的關係上又是左右搖擺、很難擺平，往往產生不必要的矛盾。這樣做的目的只有一個，就是「化公為私」。因此，他們工作人員待遇普遍較高，獎金也多，領導待遇更是驚人。連新分配進來的大學生都分到了住房。

從以上建設管理、招投標工作可以看出，所謂「公開、公平、公正」招標在某些死角已成為口號。如不大力糾正，必然滋生不正之風。

施工單位也有相應對策，如中鐵十六局的一位領導曾向我閒聊過，儘管標價壓低、我們仍有辦法獲得利潤，辦法就是利用合理變更。編標時，在投標總價不變的前提下儘量抬高不能變更的項目單價而壓低可變更的項目單價（這裏重要的是看承包人的經驗和對業主心態的精確估計）。

在通過投標激烈競爭而獲得工程後，由於利潤空間小，施工或監理單位往往會進行轉包（業主事先會規定不允許轉包，但他們就改頭換面將分包單位納入自己的下屬單位）、分包（也有以勞務分包形式出現），總包單位可以毫無風險地坐收利潤。而大部分勞務分包或監理分包者只能啃「雞肋」。監理費用按理論上要求可占工程合同總造價的1.5%-2%，但實際只有1%左右甚至0.7%左右。低價中標的損失被轉嫁到施工隊或打工者頭上，員工工資待遇被大大壓低，住房、試驗儀器設備推給施工隊承擔，將人員放到

施工隊吃住、辦公,想方設法節省開支增加利潤。由於工資低且不按時發放,甚至巧立名目克扣工資,使得勞資雙方矛盾不斷產生,人員進出像流水,一個工程起碼要換四五批人馬。留下的人員也各有打算,工資低就採取「堤內損失堤外補」的辦法,「靠山吃山、靠水吃水」,向施工單位伸手。施工單位為了工作方便並能獲得一些非正當利益,往往也順水推舟,強顏歡笑接受他們的勒索,請吃請喝請玩樂是起碼的手段。逢年過節向業主、監理送禮行賄更是不可少。三方一旦「磨合」成功,便會形成「鼠貓同樂」或「鼠駕馭貓」的局面。業主管理軟弱,監理功能喪失,腐敗滋生在所難免,這就是惡性循環。

記得在2004年前後,贛粵高速公路廣東境內有一座大橋是某監理公司負責的,驗收時,從現場監理、試驗、專業監理、總監都驗收簽字通過;後又經質檢站驗收通過。就是這樣層層嚴格把關的工程竟然出現斷樁、短樁嚴重不合格事件!此事雖也將有關人員作了處理,但根源是難以消除的。

在工程實施過程中,業主、監理、施工、地方四個方面,其中施工單位處於劣勢,一遇問題首當其衝、身受其害。涉及到當地農村征地、拆遷、地方材料供應等問題時,一旦利益得不到滿足,馬上就會遭到農民阻工鬧事(其實也非老實農民而是農村的少數幹部和調皮搗蛋的地痞)、工程被迫停止,甚至施工人員被武力侵犯,人身安全受到威脅,損失最大的還是施工單位。

我在漳龍高速公路當駐地監理工程師時就遇到農民阻工問題,那是當地的一個「砂霸」專營砂石材料,在漳龍高速公路上欺行霸

市，強買強賣，不買他的材料就不讓施工，甚至用刀威脅負責施工的專案經理，揚言不買他材料就要殺他。嚇得施工隊經理逃逸不歸，地方幹部不敢惹他、也不想惹他，工程久停無人解決、也無人向上反映。後遇副省長黃小晶（現已是福建省省長）來工地視察，發現問題後追問原因，地方幹部、施工隊、業主都三緘其口，不敢反映。於是省長要我們監理匯報，他說監理是公正的。我就如實地向黃省長作了匯報，省長當場將地方幹部狠批一頓並限期解決。事後地方幹部埋怨我未先向他們反映，使他們挨批。其實這些事就發生在他們眼皮底下，他們熟視無睹還裝糊塗，真是掩耳盜鈴自欺欺人。後在上級的壓力下終於解決復工了。

在江西時遇到雲南路橋公司在昌傳高速公路施工，由於投標是通過江西本地的私人老闆關係才中標的，所以必須分一段給他施工，但他又無很多機械設備，於是造成工地遲遲不能開工。而雲南路橋公司自身應進場的設備都已如數進場，但業主不管他分包給誰，抓住他們投標書上的承諾，必須將機械設備如數到場驗收。否則，就不撥動員預付款。該公司因此資金周轉困難，最後連吃飯錢都要找私人借。此時業主又召開動員會催促進度，會上各公司都匯報工程計畫，表態保證完成任務。我當場向業主反映該公司計畫是假的，根本完不成計畫。當時雲南公司領導一愣，以為我在揭他們短。隨後我解釋說，他們現在吃飯都靠借錢，哪有錢買油燃料去完成進度。他們才回味過來，知道我是明批評、暗幫忙。經我一揭露以後，業主不得不下去瞭解情況，經多方協調終於下撥了工程預付款解了燃眉之急。

　　監理公司的經營管理理念決定了他們的作風，也決定了他們使用的對象。我印象最好的應是1994年時的廣東虎門技術諮詢有限公司，他們自身素質高，大部分是交通廳退休下來的總工、處長等中層幹部。有遠大目標和膽略魄力，辦事公正規矩，使用的對象起點高、要求嚴、有層次。因而事業興旺財源滾滾，想進該公司的人趨之若鶩。但到今日已是隔日黃花時過境遷，改由私人承包、無不唯利是圖。

　　但有的公司就比較差，他們純粹是以贏利為目的，管理混亂、風氣不正。在用工方面不講素質，以次充好。

　　在廣東省有一家大公司，上面掛靠著國營單位，經營此公司是「副業」，等於是變相的小金庫。各項目的主要負責人都是自己公司派的，誰當家都想撈一把。副手和其他人員外聘，公司的領導和他的上司都插手到基層專案撈錢：比如要工地高價租用自己買的汽車常年包用，從中撈取高額回報、食堂裏的菜買、炊事員、管理員，全部是自己的親屬，從中貪污職工的伙食費，公司規定每人每天12元標準，但每天只能吃到6～7元／人，其他錢就「節省」下來供菜買、總監、公司使用。公司還明文規定伙食費節省下來要交一半給公司，另一半由總監支配，這不明著要他們克扣員工伙食費嘛。後勤財務也是自家人，凡是與錢物有關的權力全部掌控在手，可以說是全部精力在撈錢。

　　他們甚至大膽地向施工隊勒索，有次施工隊請總監攜其「女友」多人去卡拉OK，酒後情緒失控與他人發生衝突大打出手，偏偏打傷的是美籍華人，後被抓到派出所，判定該總監為錯誤方，要

賠償醫藥費並罰款數十萬元，否則就要抓人。結果由施工單位支付數十萬元才了結。此事反映給上級，上級因主管領導與總監有「利益」關係，於是偏袒他而將事情不了了之。在公司聘用的監理人員中，有很多是他自己找來的老鄉，許多都不具備條件，只能持假證冒充，後被公司人事部門發現，下文通報、責令清退，但該總監還百般掩護，遲遲拖延，最後輕描淡寫地要他們在會上作檢查了事，他在會上還發明一個新名詞將假證叫作「證件失真」，真是可笑之極！

在福建工作時，有一家外省校辦公司，為了滿足業主對職稱的要求，竟然利用學校的資源偽造助理工程師批文，並假造監理證，將一批學生冒充進監理隊伍，以獲取廉價勞力。他們還培植一批涉世不深的小青年和浪跡江湖多年的地痞作為基本依靠力量把持該專案，經常暗地監視、匯報重點人的動態實行「特務統治」，外來的技術骨幹很難適應這樣的環境。我曾被聘來擔任「正駐地」，標書上也是這樣定的，但進場不久，老闆為了抓權就找藉口與我「協商」要我退至副手位置。還經常受到他們的監視。

福建一私人老闆承接到監理業務後，為了符合標書上人員資質的需要，將無證書的人冒名頂替、改名換姓。我們共事半年後才得知一點實情。

河南有一家掛著中國公路監理總公司大牌子的私人老闆，純屬家庭作坊經營，妹夫管財務、父親管總務伙食，飯菜比農民工吃得還差，打工者中餐吃剩的菜晚餐接著吃，給什麼吃什麼，無人敢提意見。內蒙古一批人跟隨老闆多年，每人扣留的質保金均有萬元以

上，工資經常拖欠，有時拖欠達半年之久，要走又捨不得被扣的質保金，不走工資又不能兌現，進退兩難。我得知此情後寧願損失一點工資也不願常年被套住，僅待了二十天就主動撤退了。

　　通過打工既能體現了個人價值，又能長知識增才幹，還能深入體察民情。瞭解當前社會在工程領域存在的問題，確實收益非淺。在付出辛勞獲得報酬的過程中，也看到私人老闆為了謀利而殘酷剝削打工者的現實。

國家圖書館出版品預行編目

風雨七十載：顧鴻熹回憶錄 / 顧鴻熹著. --
一版. -- 臺北市：秀威資訊科技, 2009.07
　　面；　公分. -- (史地傳記類；PC0087)
BOD版
ISBN 978-986-221-262-2 (平裝)

1.顧鴻熹　2.回憶錄　3.中國

782.887　　　　　　　　　　　　98011721

史地傳記類　PC0087

風雨七十載——顧鴻熹回憶錄

作　　　者 / 顧鴻熹
主　　　編 / 顧策　吳非
發　行　人 / 宋政坤
執 行 編 輯 / 藍志成
圖 文 排 版 / 黃莉珊
封 面 設 計 / 張忠陽
封 面 攝 影 / 趙善真
數 位 轉 譯 / 徐真玉　沈裕閔
圖 書 銷 售 / 林怡君
法 律 顧 問 / 毛國樑　律師
出 版 印 製 / 秀威資訊科技股份有限公司
　　　　　　台北市內湖區瑞光路583巷25號1樓
　　　　　　電話：02-2657-9211　傳真：02-2657-9106
　　　　　　E-mail：service@showwe.com.tw
經　　　銷　商 / 紅螞蟻圖書有限公司
　　　　　　台北市內湖區舊宗路二段121巷28、32號4樓
　　　　　　電話：02-2795-3656　傳真：02-2795-4100
　　　　　　http://www.e-redant.com

2009 年 7 月　BOD 一版
定價：220 元

讀　者　回　函　卡

感謝您購買本書，為提升服務品質，煩請填寫以下問卷，收到您的寶貴意見後，我們會仔細收藏記錄並回贈紀念品，謝謝！

1.您購買的書名：＿＿＿＿＿＿＿＿＿＿＿＿＿＿＿＿＿＿

2.您從何得知本書的消息？

　　□網路書店　　□部落格　　□資料庫搜尋　　□書訊　　□電子報　　□書店

　　□平面媒體　　□ 朋友推薦　　□網站推薦　□其他＿＿＿＿＿＿

3.您對本書的評價：(請填代號　1.非常滿意 2.滿意 3.尚可 4.再改進)

　　封面設計＿＿＿　版面編排＿＿＿　內容＿＿＿　文/譯筆＿＿＿　價格＿＿＿

4.讀完書後您覺得：

　　□很有收獲　　□有收獲　　□收獲不多　　□沒收獲

5.您會推薦本書給朋友嗎？

　　□會　□不會，為什麼？＿＿＿＿＿＿＿＿＿＿＿＿＿＿＿＿＿＿

6.其他寶貴的意見：＿＿＿＿＿＿＿＿＿＿＿＿＿＿＿＿＿＿＿＿＿

＿＿＿＿＿＿＿＿＿＿＿＿＿＿＿＿＿＿＿＿＿＿＿＿＿＿＿＿＿＿

＿＿＿＿＿＿＿＿＿＿＿＿＿＿＿＿＿＿＿＿＿＿＿＿＿＿＿＿＿＿

＿＿＿＿＿＿＿＿＿＿＿＿＿＿＿＿＿＿＿＿＿＿＿＿＿＿＿＿＿＿

讀者基本資料

姓名：＿＿＿＿＿＿＿＿＿＿　年齡：＿＿＿＿　性別：□女 □男

聯絡電話：＿＿＿＿＿＿＿＿　E-mail：＿＿＿＿＿＿＿＿＿＿

地址：＿＿＿＿＿＿＿＿＿＿＿＿＿＿＿＿＿＿＿＿＿＿＿＿＿＿＿

學歷：□高中(含)以下　　□高中　　□專科學校　　□大學

　　　□研究所(含)以上 □其他＿＿＿＿＿＿＿＿

職業：□製造業 □金融業 □資訊業 □軍警 □傳播業 □自由業

　　　□服務業 □公務員 □教職　　□學生 □其他＿＿＿＿＿＿

To：114

台北市內湖區瑞光路 583 巷 25 號 1 樓

秀威資訊科技股份有限公司　　　收

寄件人姓名：

寄件人地址：□□□

- -

(請沿線對摺寄回,謝謝!)

秀威與 BOD

BOD（Books On Demand）是數位出版的大趨勢，秀威資訊率先運用 POD 數位印刷設備來生產書籍，並提供作者全程數位出版服務，致使書籍產銷零庫存，知識傳承不絕版，目前已開闢以下書系：

一、BOD 學術著作—專業論述的閱讀延伸
二、BOD 個人著作—分享生命的心路歷程
三、BOD 旅遊著作—個人深度旅遊文學創作
四、BOD 大陸學者—大陸專業學者學術出版
五、POD 獨家經銷—數位產製的代發行書籍

BOD 秀威網路書店：www.showwe.com.tw
政府出版品網路書店：www.govbooks.com.tw

永不絕版的故事・自己寫・永不休止的音符・自己唱